영어 리딩 학습의 최종 목표는 논픽션 독해력 향상에 있습니다.

학년이 올라갈수록 영어 시험 출제의 비중이 높아지는 논픽션. 우리는 논픽션 리딩을 통해 다양한 분야의 어휘와 지식을 습득하고 문제 해결 능력을 키울 수 있습니다. 또한 생활 속 실용문과 시험 상황의 복잡한 지문을 이해하고 분석하며, 나에게 필요한 정보를 추출하는 연습을 할 수 있습니다. 논픽션 독해력은 비판적 사고와 논리적 사고를 발전시키고, 영어로 표현된 아이디어를 깊이 있게 이해하고 효과적으로 소통하는 언어 능력을 갖출 수 있도록 도와줍니다.

미국교과서는 논픽션 리딩에 가장 적합한 학습 도구입니다.

미국교과서는 과학, 사회과학, 역사, 예술, 문학 등 다양한 주제의 폭넓은 지식과 이해를 제공하며, 사실을 그대로 받아들이는 능력뿐만 아니라 텍스트 너머의 맥락에 대한 비판적 사고와 분석 능력도 함께 배울 수 있도록 구성되어 있습니다. 미국 교과과정 주제의 리딩을 통해 학생들은 현실적인 주제를 탐구하고, 아카데믹한 어휘를 학습하면서 논리적 탐구의 방법을 함께 배울 수 있습니다. 미국교과서는 논픽션 독해력 향상을 위한 최고의 텍스트입니다.

탁월한 논픽션 독해력을 원한다면
미국교과서 READING 시리즈

① 미국교과서의 핵심 주제들을 엄선하여 담은 지문을 읽으며 **독해력**이 향상되고 **배경지식**이 쌓입니다.

② 가지고 있는 지식과 새로운 정보를 연결해 내 것으로 만드는 **통합사고력**을 기를 수 있습니다.

③ 꼼꼼히 읽고 완전히 소화할 수 있도록 하는 수준별 독해 훈련으로 **문제 해결력**이 향상됩니다.

④ 기초 문장 독해에서 추론까지, 학습자의 **수준별로 선택하여 학습**할 수 있도록 난이도를 설계하였습니다.

⑤ 스스로 계획하고 점검하며 실력을 쌓아가는 **자기주도력**이 형성됩니다.

Author Soktae Oh

For over 20 years, he has been developing English educational reference books for people of all ages, from children to adults. Additionally, he has been establishing a strong reputation in the field of teaching English, delivering engaging and enlightening lectures that delve deep into the essence of the language. Presently, he is actively working as a professional author, specializing in English content development.

미국교과서 **READING LEVEL 4 ❷**
American Textbook Reading *Second Edition*

Second Published on December 12, 2023
First Published on June 19, 2015

Written by Soktae Oh
Editorial Manager Namhui Kim
Development Editor LIME
Proofreading Ryan P. Lagace, Benjamin Schultz
Design Sanghee Park, Hyeonsook Lee
Typesetting Yeon Design
Illustrations Sunghwan Bae, Jiwon Yang
Recording Studio YR Media
Photo Credit Photos.com, Shutterstcok.com

Published and distributed by Gilbutschool

56, Worldcup-ro 10-gil, Mapo-gu, Seoul, Korea, 121-842
Tel 02-332-0931
Fax 02-322-0586
Homepage www.gilbutschool.co.kr
Publisher Jongwon Lee

ISBN   979-11-6406-584-4 (64740)
          979-11-6406-582-0 (set)
(Gilbutschool code : 30566)

미국교과서 리딩
READING

LEVEL 4 ②

길벗스쿨

미국 교과과정 핵심 주제별 배경지식과 어휘를 학습합니다.

과학, 사회, 역사, 수학, 문학, 예술 등 미국 초등 교과과정의 필수 학습 주제를 선별하여 구성한 지문을 읽으며 논픽션 리딩 실력의 기틀을 마련하며 교과 및 배경지식을 습득할 수 있습니다.

꼼꼼하고 정확하게 읽는 정독과 다양한 문제 풀이로 독해의 정확성을 높입니다.

영어 시험 상황에서는 논픽션 리딩의 비율이 절대적으로 높으며, 학습자의 사고력에도 논리적인 텍스트 읽기 과정이 매우 중요합니다. 문장 구조와 어휘, 구문, 문법 요소 등을 꼼꼼히 분석하며 읽는 정독 훈련으로 독해의 속도를 높이고 문제 풀이의 정확성을 향상시킵니다.

정확한 내용 이해에 도움을 주는 문법 요소를 학습합니다.

지문 속 주요 문법 요소 학습을 통해 문장의 구조를 파악하고 문맥을 이해하는 능력이 향상됩니다. 바른 해석과 정확한 문제 풀이로 독해에 더욱 자신감이 생깁니다.

Level Up 추론유형으로 상위권 독해 문제에 도전하며 문제 해결력을 높입니다.

내용 이해를 위한 다양한 독해 문제는 물론, 영어 시험 상황에서 오답률이 높은 추론유형을 통해 텍스트 너머의 맥락까지 이해할 수 있도록 합니다. 세부 내용에서 정답을 찾는 것이 아니라 글 속의 여러 정보를 활용하여 서술되지 않은 내용을 유추하는 경험을 통해 문제 해결력이 더욱 향상됩니다.

Summary 활동으로 핵심 어휘를 복습하고, 내용 통합 훈련을 하며 통합적 사고력을 기릅니다.

지문 요약 활동으로 글의 구성을 파악하고 단어를 활용하는 능력이 향상될 수 있습니다. 또한 핵심 내용을 정리하는 과정에서 초등 고학년 시기에 더욱 발달하는 통합적 사고력 훈련까지 할 수 있습니다.

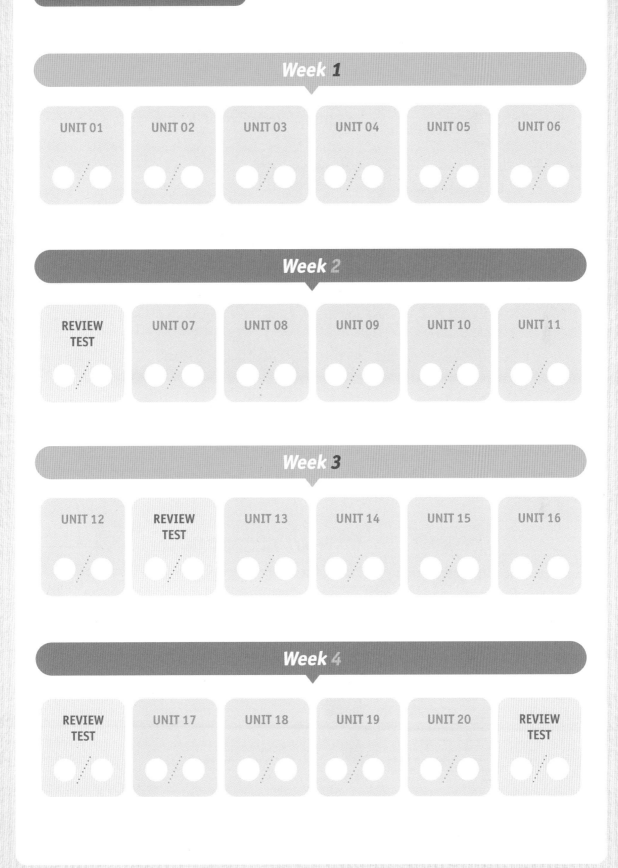

Week *1*

| UNIT 01 | UNIT 02 | UNIT 03 | UNIT 04 | UNIT 05 | UNIT 06 |

Week *2*

| REVIEW TEST | UNIT 07 | UNIT 08 | UNIT 09 | UNIT 10 | UNIT 11 |

Week *3*

| UNIT 12 | REVIEW TEST | UNIT 13 | UNIT 14 | UNIT 15 | UNIT 16 |

Week *4*

| REVIEW TEST | UNIT 17 | UNIT 18 | UNIT 19 | UNIT 20 | REVIEW TEST |

이 책의 구성과 학습법

Before Reading

논픽션 주제 관련 단어와 그림을 통해 글의 내용을 예측합니다.

QR코드를 스캔하여 정확한 발음 확인하기

① Check Your Knowledge

문장을 듣고, 이미 알고 있는 내용인지 확인하며 배경지식을 활성화합니다.

③ Reading Focus

글에서 반드시 파악해야 하는 중심 내용을 미리 확인합니다.

② Vocabulary

단어를 듣고, 본책 맨 뒤의 단어리스트를 활용하여 의미를 확인합니다.

Reading

미국교과서 핵심 주제의 논픽션 글을 읽으며 교과 지식과 독해력을 쌓습니다.

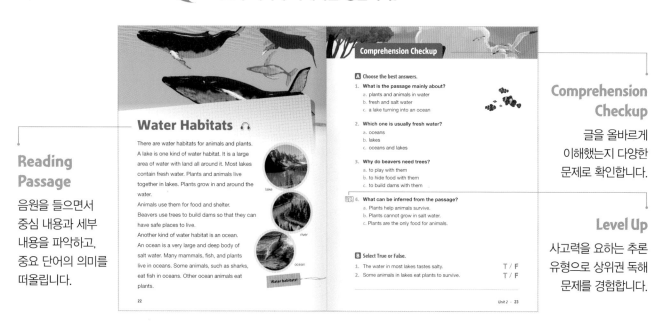

Reading Passage

음원을 들으면서 중심 내용과 세부 내용을 파악하고, 중요 단어의 의미를 떠올립니다.

Comprehension Checkup

글을 올바르게 이해했는지 다양한 문제로 확인합니다.

Level Up

사고력을 요하는 추론 유형으로 상위권 독해 문제를 경험합니다.

단어와 문법 요소를 점검하고,
전체 내용을 요약하며 정리합니다.

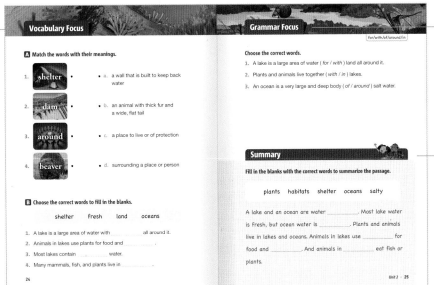

Vocabulary Focus

Ⓐ 영영 풀이로
단어의 의미를 복습
합니다.

Ⓑ 문장 단위에서
단어의 의미와
활용을 확인합니다.

Grammar Focus

문법 요소를 익혀
문장을 바르게
해석할 수 있도록
합니다.

Summary

알맞은 단어를 채워
요약문을 완성하며
글의 내용을 통합하여
정리합니다.

Chapter Review

과목별 주요 단어와 문장,
문법을 복습합니다.

Workbook

배운 단어의 의미를
확인하고, 문장으로
복습합니다.

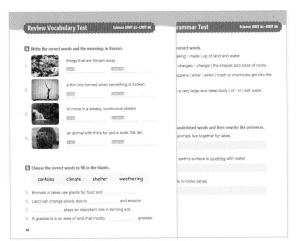

〈권말 부록〉 단어리스트

무료 온라인 학습 자료 길벗스쿨 e클래스(**eclass.gilbut.co.kr**)에 접속하시면 〈미국교과서 READING〉
시리즈에 대한 상세 정보 및 부가학습 자료를 무료로 이용하실 수 있습니다.

① 음원 스트리밍 및 MP3 파일 ② 추가 워크시트 4종 (단어 테스트, 해석 테스트, 문장 쓰기, 지문 완성하기)
③ 복습용 온라인 퀴즈 (단어 퀴즈, 내용 확인 퀴즈)

SUBJECT	UNIT	TOPIC	VOCABULARY	GRAMMAR
SCIENCE	01	Habitats	habitat, ecosystem, grassland, land, contain, wild, hawk, zebra, survive, woodpecker	S + V + C
	02		lake, around, fresh, shelter, beaver, dam, safe, ocean mammal	Prepositions *for, with, of, around, in*
	03	Earth	earth, surface, solid, substance, salt, stream, flow, flat, valley	Passive voice (be+p.p.)
	04	Minerals	rock, mineral, form, vary, beneath, layer, combination, organic, climate, quality	Present simple
	05	Weathering	weathering, crack, freeze, end up, break apart, due to, erosion, blow, soil, prevent	Modal verb *can*
	06	Natural Resources	natural resource, careful, use up, pollution, cause, damage, trash, chemical	Conjunction *when*
SOCIAL STUDIES	07	Producing	paper towel, grown, cut down, factory, chop, chip, pulp, bleach, sheet	make+O +infinitive
	08	Technology	technology, use, tiny, surgery, collect, information, application, future	Indirect questions
	09	Pioneers	sail, disappointed, island, native, wrong, descendant	Verb tense consistency
	10	Historical People	Pilgrim, worship, allow, starve, celebrate, feast, hunt, colonist, Puritan, agree	*that* clauses

SUBJECT	UNIT	TOPIC	VOCABULARY	GRAMMAR
SOCIAL STUDIES	11	Ancient Civilizations	jungle, pyramid, step, priest, climb, architecture, mathematics	Prepositions *before, after*
	12		empire, fierce, appear, present-day, conquer, capital, warrior, rule, relative, please	Relative pronoun *who*
LANGUAGE ARTS	13	Classic Story	cruel, stepmother, invite, ball, palace, suddenly, amaze, search, fit	Passive voice (be+p.p.)
	14		wicked, fair, woods, cottage, dwarf, disguise, poison, coffin	Conjunction *and*
MUSIC	15	Orchestra	instrument, percussion, string, wind, brass, musician, conductor, respect, address	Relative pronoun *which*
	16	Symphony	composer, symphony, special, classical, piece, last, divide, movement, famous	Modal verb *may*
VISUAL ARTS	17	Shapes	circle, square, triangle, rectangle, oval, diamond, different, roll, wheel, marble	make
	18	Portraits	picture, shelf, portrait, draw, paint, expression, fascinate	have/has+p.p.
MATH	19	Time	clock, watch, hand, o'clock, noon, A.M., midnight, P.M., between	Subject–verb agreement
	20	Money	coin, metal, currency, penny, nickel, dime, quarter, worth, practice	Count nouns vs. uncount nouns

" To learn to read is to light a fire;
every syllable that is spelled out is a spark. "

- Victor Hugo

AMERICAN
TEXTBOOK
READING

Science

Land Habitats

🎧 Listen and check ☑ what you already know.

① A grassland is a habitat for many animals. ☐

Reading Focus

- Which animals live in the grasslands?
- Which animals live in the forest?

② A forest is an area of land with many trees. ☐

Vocabulary

- ★ habitat
- ★ ecosystem
- ★ grassland
- ★ land
- ★ contain
- ★ wild
- ★ hawk
- ★ zebra
- ★ survive
- ★ woodpecker

Land Habitats 🎧

Animals live in different places. The place where an animal lives is its habitat. A habitat is also called an ecosystem.

One type of land habitat is a grassland. A grassland is an area of land that mostly contains grasses. There are wild grasses and a few trees. Many animals live in grasslands, including mice, rats, snakes, hawks, eagles, zebras, lions, giraffes, and elephants.

Another type of land habitat is a forest. A forest is an area of land with many trees. Many animals need forests to live and to survive.

There are also many animals living in forests, including deer, bears, raccoons, foxes, squirrels, snakes, eagles, and woodpeckers.

Animals in grasslands

mice   elephants   zebras

Animals in forests

foxes   deer   raccoons

A Choose the best answers.

1. **What is the passage mainly about?**

   a. forests for many animals

   b. animals and land habitats

   c. grasslands turning into forests

2. **What is another name for a habitat?**

   a. a forest

   b. a grassland

   c. an ecosystem

3. **Which is NOT true about a grassland?**

   a. There are not many trees.

   b. Big animals do not live there.

   c. It is mostly covered with grasses.

4. **What is a forest?**

   a. an area of land with a lot of grasses

   b. an area of land with many trees

   c. an area of land with a lot of water

B Select True or False.

1. A habitat is a place where an animal lives. T / F

2. Raccoons and squirrels live in forests. T / F

Vocabulary Focus

A Match the words with their meanings.

1.  contain •

    • a. an animal with black and white stripes all over its body

2. wild •

    • b. an area of ground

3.  zebra •

    • c. to include or hold

4.  land •

    • d. living in a natural state

B Choose the correct words to fill in the blanks.

a few   habitat   contains   survive

1. A grassland is an area of land that mostly .... grasses.

2. There are wild grasses and .... trees in a grassland.

3. A .... is also called an ecosystem.

4. Many animals need forests to live and ....

18

Grammar Focus

Read the sentences and circle the complements.

1. One type of land habitat is a grassland.

2. Another type of land habitat is a forest.

3. A grassland is an area of land.

Summary

Fill in the blanks with the correct words to summarize the passage.

survive   a few   land   habitat   contains

An animal lives in a .... A grassland is a

.... habitat and mostly .... grasses with

.... trees. A forest, another land habitat, has many

trees. Many animals need forests to live and to ....

UNIT 02 Science

Water Habitats

① A lake is a large area of water with land all around it. ☐

Reading Focus

- What do animals use plants for?
- What is an ocean?

② Many mammals, fish, and plants live in oceans. ☐

Vocabulary

- ★ lake
- ★ around
- ★ fresh
- ★ shelter
- ★ beaver
- ★ dam
- ★ safe
- ★ ocean
- ★ mammal

Water Habitats 🎧

There are water habitats for animals and plants.
A lake is one kind of water habitat. It is a large
area of water with land all around it. Most lakes
contain fresh water. Plants and animals live
together in lakes. Plants grow in and around the
water.

Animals use them for food and shelter.
Beavers use trees to build dams so that they can
have safe places to live.

Another kind of water habitat is an ocean.
An ocean is a very large and deep body of
salt water. Many mammals, fish, and plants
live in oceans. Some animals, such as sharks,
eat fish in oceans. Other ocean animals eat
plants.

lake

river

ocean

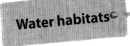

Water habitats

Comprehension Checkup

A Choose the best answers.

1. **What is the passage mainly about?**

   a. plants and animals in water

   b. fresh and salt water

   c. a lake turning into an ocean

2. **Which one is usually fresh water?**

   a. oceans

   b. lakes

   c. oceans and lakes

3. **Why do beavers need trees?**

   a. to play with them

   b. to hide food with them

   c. to build dams with them

LEVEL UP! 4. **What can be inferred from the passage?**

   a. Plants help animals survive.

   b. Plants cannot grow in salt water.

   c. Plants are the only food for animals.

B Select True or False.

1. The water in most lakes tastes salty.   T / F

2. Some animals in lakes eat plants to survive.   T / F

Vocabulary Focus

A Match the words with their meanings.

1.  shelter •

   • a. a wall that is built to keep back water

2.  dam •

   • b. an animal with thick fur and a wide, flat tail

3.  around •

   • c. a place to live or of protection

4.  beaver •

   • d. surrounding a place or person

B Choose the correct words to fill in the blanks.

| shelter | fresh | land | oceans |

1. A lake is a large area of water with .... all around it.

2. Animals in lakes use plants for food and ....

3. Most lakes contain .... water.

4. Many mammals, fish, and plants live in ....

Grammar Focus

for/with/of/around/in

Choose the correct words.

1. A lake is a large area of water (*for* / *with*) land all around it.

2. Plants and animals live together (*with* / *in*) lakes.

3. An ocean is a very large and deep body (*of* / *around*) salt water.

Summary

Fill in the blanks with the correct words to summarize the passage.

plants   habitats   shelter   oceans   salty

A lake and an ocean are water .... Most lake water is fresh, but ocean water is .... Plants and animals live in lakes and oceans. Animals in lakes use .... for food and .... And animals in .... eat fish or plants.

UNIT 03 Science

What Earth Looks Like

🎧 Listen and check ☑ what you already know.

① Earth is made up of land and water. ☐

- What is Earth mostly covered with?
- What is a mountain?

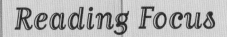

② Streams flow into rivers, which may flow into oceans. ☐

Vocabulary

- ★ earth
- ★ surface
- ★ solid
- ★ substance
- ★ salt
- ★ stream
- ★ flow
- ★ flat
- ★ valley

What Earth Looks Like

Earth is made up of land and water. Most of the earth's surface is covered with water. The solid part of Earth is land. It may be covered with stones, sand, dirt, and other substances.

Most water on Earth is in salty oceans. Fresh water is water without salt. Streams, rivers, and lakes are mostly made up of fresh water. Streams flow into rivers which may flow into lakes or oceans.

Not all land on Earth looks the same. Some land is high. Some land is low, and some land is flat. A mountain is the highest type of land. Mountains come in all shapes and sizes. A valley is low land between mountains.

Water

stream   lake   ocean

Land

desert   flat land   valley

Comprehension Checkup

A Choose the best answers.

1. **What is the passage mainly about?**

   a. various shapes of land

   b. the surface of the earth

   c. types of water on the earth

2. **What covers most of the earth's surface?**

   a. snow

   b. water

   c. land

3. **Which is NOT true about mountains?**

   a. They are the highest type of land.

   b. There are valleys between them.

   c. They are similar in size and shape.

LEVEL UP! 4. **What can be inferred from the passage?**

   a. Lands are covered with similar things.

   b. All types of water flow into the oceans.

   c. Earth is mostly covered with salt water.

B Select True or False.

1. Earth is mostly made up of land.　　　　　　　　　　　　　　　T / F

2. Water can be divided into fresh or salt water.　　　　　　　T / F

Vocabulary Focus

A Match the words with their meanings.

1.  solid • • **a.** a natural flow of water that moves across land

2.  stream • • **b.** hard or firm

3. flow • • **c.** smooth and level without raised or hollow areas

4.  flat • • **d.** to move in a steady, continuous stream

B Choose the correct words to fill in the blanks.

substances   shapes   surface   valley

1. Most of the earth's _____ is covered with water.

2. A _____ is low land between mountains.

3. It may be covered with stones, sand, dirt, and other _____.

4. Mountains come in all _____ and sizes.

Grammar Focus

Choose the correct words.

1. Earth is (*made* / *makes*) up of land and water.

2. Most of the earth's surface is (*cover* / *covered*) with water.

3. Streams, rivers, and lakes are mostly (*make* / *made*) up of fresh water.

Summary

Fill in the blanks with the correct words to summarize the passage.

flat   made   valley   salty   covered

Earth is .... up of land and water. Most of the earth's surface is .... with water. Streams, rivers, lakes, and oceans are water. Ocean water is ....

Land has various shapes: high, low, and .... The shapes and sizes of mountains are different, and a .... is low land between mountains.

Rock and Soil

🎧 Listen and check ☑ what you already know.

① A mineral is a nonliving thing formed naturally in the earth. ☐

Reading Focus

- What is rock made up of?
- What is soil made up of?

② Soil is the top layer of the earth in which plants grow. □

Vocabulary

- ★ rock
- ★ mineral
- ★ form
- ★ vary
- ★ beneath
- ★ layer
- ★ combination
- ★ organic
- ★ climate
- ★ quality

Rock and Soil 🎧

Rock or stone is a naturally occurring solid made up of minerals.

A mineral is a nonliving thing formed naturally in the earth.

The minerals in rocks vary. They make different kinds of rocks.

Most rock is beneath soil or water, such as oceans and lakes.

Soil is the top layer of the earth in which plants grow. Soil is a combination of rock, mineral fragments, organic matter (dead and living things), water, and air. Soil is important for the earth's ecosystems. Climate plays an important role in forming soil. Soil from different climates can have different qualities and can let different kinds of plants grow.

rock

soil

Comprehension Checkup

A Choose the best answers.

1. What is the passage mainly about?

a. the formations of rock and soil

b. different types of rocks on Earth

c. climate's role in forming soil

2. What is important in the formation of soil?

a. plants

b. oceans

c. weather

3. What is soil?

a. a solid object or substance

b. the lowest layer of the earth

c. the top layer of the earth

LEVEL UP! 4. What can be inferred from the passage?

a. Plants decide soil quality.

b. Soil slowly forms into minerals.

c. Soil is made up of many things.

B Select True or False.

1. Most rock is covered by soil or water.   T / F

2. Minerals are naturally formed living things.   T / F

A Match the words with their meanings.

1.

2.

3.

4.

a. two or more different things that exist together

b. a feature that someone or something has

c. a piece of substance that covers a surface

d. in or at a lower position than something

B Choose the correct words to fill in the blanks.

> ecosystems   qualities   vary   climate

1. The minerals in rocks ....

2. Soil from different climates can have different ....

3. Soil is important for the earth's ....

4. .... plays a important role in forming soil.

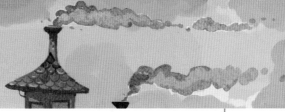

Grammar Focus

Choose the correct words.

1. The minerals in rocks (*vary* / *varies*).

2. Soil is the top layer of the earth in which plants (*grows* / *grow*).

3. The climate (*play* / *plays*) an important role in forming soil.

Summary

Fill in the blanks with the correct words to summarize the passage.

soil   vary   climate   organic   minerals

Rock or stone is made up of .... The minerals in rocks ...., which leads to the formation of different kinds of rocks. .... is made from rock, mineral fragments, ... matter, water, and air. .... is important in the formation of soil.

Changing Land

🎧 Listen and check ☑ what you already know.

① Water can change the shapes and sizes of rocks. ☐

Reading Focus

- How can plants break rocks down?
- What can change land?

② Plants can grow in cracks in rocks. ☐

Vocabulary

- ★ weathering
- ★ crack
- ★ freeze
- ★ end up
- ★ break apart
- ★ due to
- ★ erosion
- ★ blow
- ★ soil
- ★ prevent

Changing Land 🎧

Water can change the shapes and sizes of rocks. This is called weathering. When there are cracks in a rock, water gets into them. The water can freeze and push the rock apart in winter. Then, the cracks get bigger and end up breaking the rock apart.

Plants can also break rocks down by growing in their cracks. Sometimes a plant's roots grow and push against a rock.

Land can change slowly due to weathering and erosion. Erosion is the washing or blowing away of rock and soil by wind or water. Plants can prevent erosion. The roots of a plant hold soil in place so that wind and water cannot move it.

weathering

erosion

40

Comprehension Checkup

A Choose the best answers.

1. **What is the passage mainly about?**

   a. rocks and plants

   b. preventing erosion

   c. weathering and erosion

2. **What is weathering?**

   a. changing the weather

   b. breaking down of rocks

   c. going into a new season

3. **What can weathering and erosion do to land?**

   a. They can preserve land.

   b. They can change land.

   c. They can freeze land.

LEVEL UP! 4. **What can be inferred from the passage?**

   a. We can prevent weathering.

   b. Rocks can slowly turn into soil.

   c. Water helps rocks stay together.

B Select True or False.

1. Wind can blow away rock and soil.   T / F

2. Plants can break down rocks.   T / F

Vocabulary Focus

A Match the words with their meanings.

1.  crack •

    • **a.** to become solid into ice by cold

2. freeze •

    • **b.** to move something by the force of the wind

3. soil •

    • **c.** the top layer of the earth in which plants grow

4. blow •

    • **d.** a thin line formed when something is broken

B Choose the correct words to fill in the blanks.

weathering   cracks   end up   prevent

1. When there are .... in a rock, water gets into them.

2. The cracks get bigger and .... breaking the rock apart.

3. Land can change slowly due to .... and erosion.

4. Plants can .... erosion.

42

Grammar Focus

Choose the correct words.

1. Water (*can* / *must*) change the shapes and sizes of rocks.

2. Water (*should* / *can*) freeze and break rocks apart in winter.

3. Plants (*can* / *have to*) prevent erosion.

Summary

Fill in the blanks with the correct words to summarize the passage.

sizes   place   wind   prevent   erosion

Weathering and .... change the shapes and

.... of rocks and land. Water, plants, and ....

play roles in changing them. However, plants can also

.... erosion by holding soil in ....

Earth's Resources

🎧 Listen and check ☑ what you already know.

① Natural resources come from the earth. ☐

Reading Focus

- What are some natural resources?
- What can pollution cause?

② Pollution happens when trash or chemicals get into the ground, water, or air. □

Vocabulary

- ★ natural resource
- ★ careful
- ★ use up
- ★ pollution
- ★ cause
- ★ damage
- ★ trash
- ★ chemical

Earth's Resources 🎧

Things that come from Earth are called natural resources. People do not make natural resources but get them from the earth. So we have to be careful not to use up all our natural resources.

Soil is a natural resource. Plants grow in soil. People and animals can use these plants for food. Water and air are important natural resources. All living things need water and air to live.

Pollution is something that causes damage or problems to land, water, or air. Pollution happens when trash or chemicals get into the ground, water, or air. When people and other living things do not have clean water, air, or soil, they may get sick.

soil

water

air

Important natural resources

A Choose the best answers.

1. **What is the passage mainly about?**

   a. natural resources and pollution

   b. how to get natural resources

   c. pollution causing damage to nature

2. **Which is NOT true about natural resources?**

   a. We can live without them.

   b. We get them from the earth.

   c. We should not use them up.

3. **Which is true about pollution?**

   a. It does not damage soil.

   b. It is a problem for nature.

   c. It can be used as a resource.

LEVEL UP! 4. **What can be inferred from the passage?**

   a. Plants pollute the air and water.

   b. Pollution can damage our lives.

   c. Natural resources are hard to get.

B Select True or False.

1. Natural resources are not created by people.   T / F

2. Healthy soil is important for people and animals.   T / F

Vocabulary Focus

A Match the words with their meanings.

1.  natural

2.  damage

3.  trash

4.  careful

a. physical harm that is done to something

b. things that are thrown away

c. existing in nature

d. trying hard to avoid damaging something or doing anything wrong

B Choose the correct words to fill in the blanks.

pollution   natural   sick   careful

1. We have to be .... not to use up all our natural resources.

2. .... causes damage to land, water, or air.

3. Water and air are important .... resources.

4. When living things do not have clean water or air, they may get ....

Grammar Focus

Choose the correct words.

1. Pollution happens (*when* / *where*) trash or chemicals get into the ground.

2. (*Why* / *When*) people and other living things do not have clean water, air, or soil, they may get sick.

3. I don't wear glasses (*how* / *when*) I play soccer.

Summary

Fill in the blanks with the correct words to summarize the passage.

resources   chemicals   careful   pollution   problems

Natural resources that come from Earth can be used up,

so we have to be _____. Soil, water, and air are natural

_____ that we need to live. _____ causes damage

or _____ to land, water, or air. We must not let trash

or _____ get into the ground, water, or air.

A Write the correct words and the meanings in Korean.

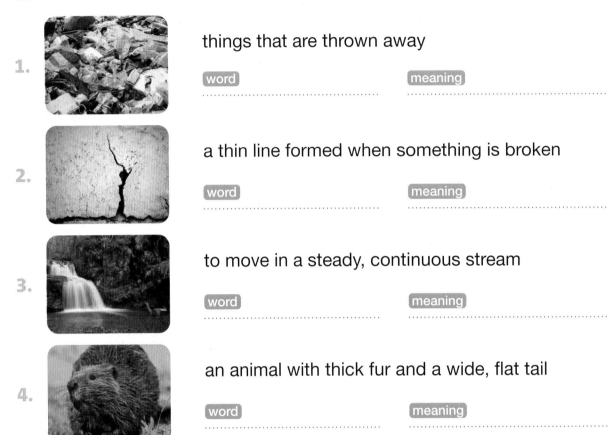

1. things that are thrown away

   word ....   meaning ....

2. a thin line formed when something is broken

   word ....   meaning ....

3. to move in a steady, continuous stream

   word ....   meaning ....

4. an animal with thick fur and a wide, flat tail

   word ....   meaning ....

B Choose the correct words to fill in the blanks.

| contains | climate | shelter | weathering |

1. Animals in lakes use plants for food and ....

2. Land can change slowly due to .... and erosion.

3. .... plays an important role in forming soil.

4. A grassland is an area of land that mostly .... grasses.

C Complete the crossword puzzle.

Across

2 a wall that is built to keep back water

3 to become solid into ice by cold

5 physical harm that is done to something

Down

1 a piece of substance that covers a surface

3 smooth and level without raised or hollow areas

4 an animal with black and white stripes all over its body

A **Choose the correct words.**

1. Earth is (*making* / *made*) up of land and water.

2. Water can (*changes* / *change*) the shapes and sizes of rocks.

3. Pollution happens (*what* / *when*) trash or chemicals get into the ground.

4. An ocean is a very large and deep body (*of* / *in*) salt water.

B **Correct the underlined words and then rewrite the sentences.**

1. Plants and animals live together <u>for</u> lakes.

   ➜

2. Most of the earth's surface is <u>covering</u> with water.

   ➜

3. The minerals in rocks <u>varies</u>.

   ➜

AMERICAN
TEXTBOOK
READING

Social Studies

UNIT 07
Social Studies

Trees and Paper

🎧 Listen and check ☑ what you already know.

① Trees are natural resources. ☐

Reading Focus

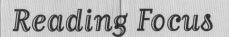

- What is pulp?
- What is bleach?

② Trees are used to make paper towels. ☐

Vocabulary

- ★ paper towel
- ★ grown
- ★ cut down
- ★ factory
- ★ chop
- ★ chip
- ★ pulp
- ★ bleach
- ★ sheet

Trees and Paper 🎧

Trees are natural resources. Trees are used to make paper towels. This is how paper towels are made.

First, trees are planted on a farm. When the trees are fully grown, they are cut down. Then the trees are taken to a paper factory. At the factory, the trees are chopped into small chips of wood. Other things are mixed with the chips. Then they are heated to become soft. These soft wood chips are called pulp. Bleach is added to make the pulp turn white.

Next, the pulp is dried and pressed into long sheets. Then the sheets are rolled and cut. These are paper towels.

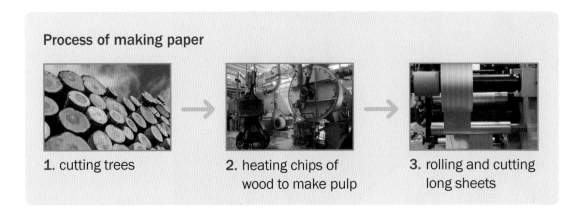

Process of making paper

1. cutting trees   2. heating chips of wood to make pulp   3. rolling and cutting long sheets

Comprehension Checkup

A Choose the best answers.

1. **What is the passage mainly about?**

   a. how to make paper towels

   b. how to cut down trees

   c. how to take trees to a factory

2. **What are paper towels made from?**

   a. trash

   b. bleach

   c. trees

3. **What does bleach do?**

   a. It takes trees to a paper factory.

   b. It makes wood chips soft.

   c. It makes pulp turn white.

4. **What is pulp?**

   a. big trees grown on a farm

   b. chopped and heated soft wood

   c. things that make trees turn white

B Select True or False.

1. There are many steps in making paper towels.   T / F

2. Small chips of wood are heated to become hard.   T / F

A Match the words with their meanings.

1.  chop

   a. a thin, flat piece of something

2. chip

   b. to cut something into smaller pieces

3. bleach

   c. a small piece of wood, stone, metal, etc.

4. sheet

   d. a chemical used to make things white

B Choose the correct words to fill in the blanks.

chopped	pulp	pressed	planted

1. Trees are .... on a farm.

2. At the factory, the trees are .... into small chips of wood.

3. The soft wood chips are called ....

4. The pulp is dried and .... into long sheets.

58

Grammar Focus

make + O + infinitive

Choose the correct words.

1. Bleach makes the pulp (*to turn* / *turn*) white.

2. What makes you (*say* / *to say*) that?

3. It makes me (*feel* / *to feel*) good.

Summary

Fill in the blanks with the correct words to summarize the passage.

pressed   cut   chopped   make   pulp

This is how to .... paper towels. Fully-grown trees are cut down and taken to a paper factory. At the factory, the trees are .... into chips of wood and the chips are heated to become .... Then the pulp is bleached. After it is dried and .... into long sheets, the sheets are rolled and .... into paper towels.

UNIT 08
Social Studies

Technology

🎧 Listen and check ☑ what you already know.

① New technology changes the ways people work and live. ☐

Reading Focus

- Why do music groups use computers?
- What do tablet PCs make possible?

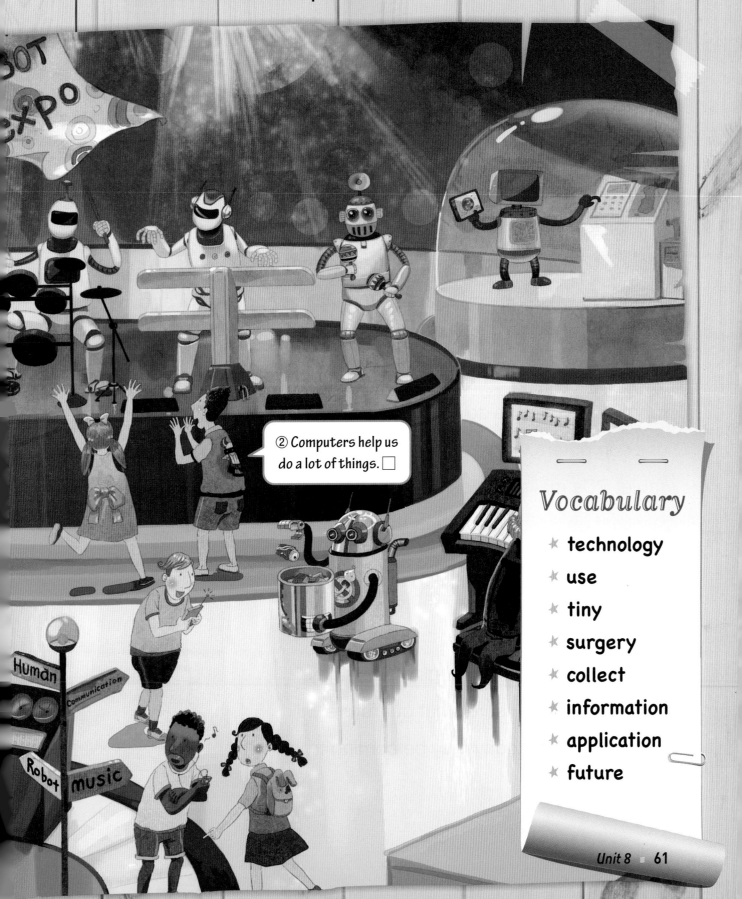

② Computers help us do a lot of things. □

Vocabulary

- ★ technology
- ★ use
- ★ tiny
- ★ surgery
- ★ collect
- ★ information
- ★ application
- ★ future

Technology 🎧

Technology is using science to make things faster, easier, and better. New technology changes the ways people work and live. More than ever, people use new technology at their jobs. Computers have many new uses. Computers in tiny cameras and robots help doctors do surgery. Music groups use computers to make music and videos. Tablet PCs make collecting various types of information possible through the Internet and applications. Even while you are moving, you can use the Internet from tablet PCs. We meet our needs and wants with new technology, which is changing every day. No one knows for sure what our future will be. Our dreams today may be coming true tomorrow.

New uses of computers

robot

tablet PC

Comprehension Checkup

A Choose the best answers.

1. **What is the passage mainly about?**

    a. strong and weak points of technology

    b. new technology that confuses people

    c. the uses and changes of technology

2. **What do computers do for doctors?**

    a. They help doctors relax at work.

    b. They help doctors with their jobs.

    c. They help doctors use the Internet.

3. **Which is NOT true about tablet PCs?**

    a. They help us find information.

    b. They are mainly used by doctors.

    c. They are connected to the Internet.

LEVEL UP! 4. **What can be inferred from the passage?**

    a. Technology will make things harder.

    b. Technology will change our future lives.

    c. Technology will make people work more.

B Select True or False.

1. New technology helps us meet our needs.   T / F

2. Technology is changing faster than we can imagine.   T / F

A Match the words with their meanings.

1.  tiny

    a. knowledge or facts about something

2.  surgery

    b. to get things and to bring them together

3.  collect

    c. treating someone by cutting open his or her body

4.  information

    d. very small

B Choose the correct words to fill in the blanks.

> meet   better   true   collect

1. Technology makes things faster, easier, and ....

2. We can .... various types of information through the Internet.

3. We .... our needs and wants with new technology.

4. Our dreams today may be coming .... tomorrow.

Grammar Focus

Correct the underlined parts and then rewrite the sentences.

1. No one knows for sure <u>what will our future be</u>.

   →

2. I am not sure <u>what does she like</u>.

   →

3. Tell me <u>what is your phone number</u>.

   →

Summary

Fill in the blanks with the correct words to summarize the passage.

useful   true   better   meets   use

Science helps technology make things ....

Computers are very .... in many fields. It is possible

for us to .... the Internet, even while we are moving.

New technology .... our needs and wants every day.

Our dreams today may be coming .... tomorrow.

UNIT 09 Social Studies

Columbus and the New World

🎧 Listen and check ☑ what you already know.

① Christopher Columbus set sail, wanting to get to Asia. ☐

Reading Focus

- What do you know about Columbus?
- What do you think you need to sail well?

② Columbus and his men had found the New World. ☐

Vocabulary

- ★ sail
- ★ disappointed
- ★ island
- ★ native
- ★ wrong
- ★ descendant

Columbus and the New World

Christopher Columbus and his men from Spain set sail for Asia. They sailed and sailed for two months. While sailing, they thought they were lost. They were disappointed and did not have any energy left to keep sailing. However, when the sailors were just about to make Columbus turn back, they saw an island. They thought this was near the Indies. That is why they gave the natives of America the wrong name. They called them 'Indians.'

Some descendants of these natives of America still call themselves Indians, but they are also widely called Native Americans. Columbus and his men had come upon the New World. That was in the year 1492.

Columbus arrived at the continent of America.

Comprehension Checkup

A Choose the best answers.

1. **What is the passage mainly about?**

   a. a journey to find Asia

   b. the discovery of Columbus

   c. naming Native Americans

2. **Where did Columbus want to sail?**

   a. Europe

   b. America

   c. Asia

3. **Which is NOT true about Columbus?**

   a. He called the natives Indians.

   b. He found America by chance.

   c. He arrived at an island in Asia.

LEVEL UP! 4. **What can in inferred from the passage?**

   a. Columbus did not know where he was.

   b. The natives welcomed Columbus.

   c. Columbus had lived in America since then.

B Select True or False.

1. Columbus and his men gave up the journey.   T / F

2. Native Americans are people from Spain.   T / F

Vocabulary Focus

A Match the words with their meanings.

1.  sail •
   • **a.** sad because something is not as good as you expected

2.  disappointed •
   • **b.** to travel on water on a ship

3.  island •
   • **c.** someone who is related to a person who lived long ago

4. descendant •
   • **d.** a piece of land that is surrounded by water

B Choose the correct words to fill in the blanks.

> island   sailing   natives   lost

1. While sailing, Columbus and his men thought they were ....

2. They did not have any energy left to keep ....

3. When the sailors were just about to make Columbus turn back, they saw an ....

4. They gave the .... of America the wrong name.

70

Grammar Focus

Correct the underlined words and then rewrite the sentences.

1. They thought they <u>are</u> lost.

2. They thought this <u>is</u> near the Indies.

Summary

Fill in the blanks with the correct words to summarize the passage.

> thought   called   sailing   discovered   Indians

Christopher Columbus set sail for Asia with his men. Two months after .... from Spain, they were about to give up. But they finally found an island. They .... this was a part of the Indies, so they .... the natives of America .... Columbus .... the New World by chance in 1492.

UNIT 10 Social Studies

The Pilgrims and the Puritans

🎧 Listen and check ☑ what you already know.

① The Pilgrims in England went to America on the Mayflower. ☐

Reading Focus

- Why did the Pilgrims go to America?
- Who were the Puritans?

② Friendly Indians showed the Pilgrims how to plant and hunt. ☐

Vocabulary

- ★ Pilgrim
- ★ worship
- ★ allow
- ★ starve
- ★ celebrate
- ★ feast
- ★ hunt
- ★ colonist
- ★ Puritan
- ★ agree

The Pilgrims and the Puritans 🎧

The Pilgrims were very religious people. They went to America to worship in a way that was not allowed in England.

The English Pilgrims stepped off their ship, the Mayflower, in 1620. They were saved from starving by friendly Indians. When Americans celebrate Thanksgiving Day, they are remembering a special feast the Pilgrims held. They wanted to thank God for the food the Indians showed them how to plant and hunt.

Pilgrims leaving England

Other English colonists followed the Pilgrims. These people were called the Puritans. Like the Pilgrims, they were a deeply religious group of Christians, but they did not agree with the beliefs of the Pilgrims. The Puritans believed in working hard, and their colonies grew quickly.

people celebrating Thanksgiving Day

Comprehension Checkup

A Choose the best answers.

1. **What is the passage mainly about?**

   a. the origin of Thanksgiving

   b. religious groups to America

   c. a journey on the Mayflower

2. **Why did the Pilgrims go to America?**

   a. to keep worshiping in their way

   b. to experience life in a new world

   c. to introduce their belief to America

3. **Which is NOT true about Thanksgiving Day?**

   a. It is to remember the Pilgrims' feast.

   b. It is to learn how to plant and hunt.

   c. It is to thank for what Indians taught.

LEVEL UP! 4. **What can be inferred about the Puritans?**

   a. They were the enemies of the Pilgrims.

   b. They were not welcomed by the natives.

   c. Their belief helped their colonies grow fast.

B Select True or False.

1. The Puritans came to America on the Mayflower.   T / F

2. The Pilgrims and the Puritans had different religious beliefs.   T / F

Vocabulary Focus

A Match the words with their meanings.

1.  worship •   • a. to chase wild animals to kill them

2.  starve •   • b. to show respect and love for a god

3.  feast •   • c. to suffer because you do not have enough to eat

4.  hunt •   • d. a large meal where people celebrate a special occasion

B Choose the correct words to fill in the blanks.

followed	starving	agree	showed

1. The Pilgrims were saved from _____ by friendly Indians.

2. The Indians _____ the Pilgrims how to plant and hunt food.

3. Other English colonists called the Puritans _____ the Pilgrims.

4. The Puritans did not _____ with the beliefs of the Pilgrims.

Choose the correct words.

1. They are remembering a special feast (*when* / *that*) the Pilgrims held.

2. They wanted to thank God for the food (*that* / *how*) the Indians showed them how to plant and hunt.

Summary

Fill in the blanks with the correct words to summarize the passage.

friendly   worship   Pilgrims   beliefs   followed

The Pilgrims went to America to _____ in their own way. They sailed on a ship called the Mayflower in 1620. Thanksgiving Day was started by the _____ with the help of _____ Indians. The Puritans _____ the Pilgrims, but their _____ were different from the Pilgrims'.

The Maya

🎧 Listen and check ☑ what you already know.

① The Maya lived in a jungle of Central America 4,000 years ago. ☐

Reading Focus

- What did the Maya do for a living?
- What did the Mayan pyramids look like?

② The largest Mayan buildings were pyramids. ☐

Vocabulary

- ★ jungle
- ★ pyramid
- ★ step
- ★ priest
- ★ climb
- ★ architecture
- ★ mathematics

The Maya 🎧

The Maya were a group of people who lived in a jungle in Central America 4,000 years ago. They lived there for a very long time, and some of them live there even today. The Maya were the only people in the Americas to have a written language before Columbus arrived in the Americas.

The Maya grew corn and beans and built cities. Their largest buildings were pyramids. Their pyramids were not as high as the ones in Egypt, but they had steps from the bottom to the top for priests to climb. At the tops of the pyramids, the Maya worshiped their gods.

The Maya were really good at art and architecture, and they were smart at mathematics.

Mayan pyramid

Comprehension Checkup

A Choose the best answers.

1. **What is the passage mainly about?**

   a. secrets of the Maya

   b. religions of the Maya

   c. life of the ancient Maya

2. **What were the Mayans good at?**

   a. fighting at battles

   b. creating buildings

   c. climbing pyramids

3. **Which is NOT true about the Mayan pyramids?**

   a. Priests went up all the way to the top.

   b. They were the largest of all their buildings.

   c. They were higher than Egyptian pyramids.

LEVEL UP! 4. **What can be inferred about the Maya?**

   a. They were fairly developed at the time.

   b. Their gods are still worshiped even today.

   c. They welcomed all the people from Europe.

B Select True or False.

1. The Maya had a set of letters for writing.   T / F

2. Nobody could climb to the tops of the Maya's pyramids.   T / F

A Match the words with their meanings.

1.  jungle

  a. a person with religious duties and responsibilities

2.  pyramid

  b. one part of a set of stairs

3.  step

  c. a large structure with a flat base and four sides that form a point at the top

4. priest

  d. a tropical forest with a lot of trees and plants

B Choose the correct words to fill in the blanks.

> worshiped   pyramids   smart   steps

1. The Maya's largest buildings were ....

2. The Maya's pyramids had .... from the bottom to the top.

3. At the tops of the pyramids, the Maya .... their gods.

4. The Maya were .... at mathematics.

Grammar Focus

before/after

Choose the correct words.

1. The Maya were the only people in the Americas to have a written language (*before* / *because*) Columbus arrived in the Americas.

2. Say goodbye (*after* / *before*) you go.

3. Turn off the light (*before* / *after*) you fall asleep.

Summary

Fill in the blanks with the correct words to summarize the passage.

> good   worshiped   written   steps   pyramids

The Maya lived in Central America 4,000 years ago.

They had a .... language and built ....

with .... from the bottom to the top. At the tops

of the pyramids, the Maya .... their gods.

The Maya were .... at art, architecture, and

mathematics.

The Aztecs

🎧 Listen and check ☑ what you already know.

① The Aztecs were Native Americans who lived in Mexico long ago. ☐

Reading Focus

- How long did the Aztec Empire last?
- Where did the Aztecs build their capital?

② The Aztecs were a very fierce people. ☐

Vocabulary

★ empire
★ fierce
★ appear
★ present-day
★ conquer
★ capital
★ warrior
★ rule
★ relative
★ please

The Aztecs 🎧

The Aztecs were Native American people who lived in Mexico. The Aztec Empire lasted from the 14th to 16th century. They called themselves Mexicans or Nahua. Long after the Maya left their cities, a very fierce people, the Aztecs,

Aztecs

appeared in the area that is present-day Mexico. They conquered the people already there and ruled over much of Mexico.

The Aztecs built a capital on some islands in a lake. Mexico City, one of the largest cities in the world, stands there now.

The Aztec warriors forced the people they ruled over to send their own relatives to this city. There, the Aztec priests killed them to please their gods. For their cruelty, the Aztecs were hated.

Comprehension Checkup

A **Choose the best answers.**

1. **What is the passage mainly about?**

   a. the origin of Mexico
   b. the history of the Aztecs
   c. the Aztecs against the Maya

2. **What did the Aztecs call themselves?**

   a. the Maya
   b. Native Americans
   c. Mexicans

3. **Which is NOT true about the Aztecs?**

   a. They were cruel to the people.
   b. They were respected by the people.
   c. They took over the land of the Maya.

LEVEL UP! 4. **What can be inferred about the Aztecs?**

   a. They ruled the people by force.
   b. They killed most of the people.
   c. They built some islands in a lake.

B **Select True or False.**

1. The Aztecs conquered the Maya.   T / F
2. The Aztec priests killed animals to please their gods.   T / F

Vocabulary Focus

A Match the words with their meanings.

1.  **fierce** •

     • **a.** to make someone happy or satisfied

2. **conquer** •

     • **b.** to get control of people by force

3. **warrior** •

     • **c.** being ready to attack and looking very frightening

4. **please** •

     • **d.** a soldier who is brave and experienced

B Choose the correct words to fill in the blanks.

ruled	forced	lasted	fierce

1. The Aztec Empire _____ from the 14th to 16th century.

2. A very _____ people appeared in the area that is present-day Mexico.

3. The Aztecs _____ over much of Mexico.

4. The Aztec warriors _____ people to send their own relatives to this city.

Grammar Focus

who

Choose the correct words.

1. The Aztecs were Native American people (*who* / *which*) lived in Mexico.

2. The Maya were a group of people (*which* / *who*) lived in a jungle in Central America 4,000 years ago.

3. I like people (*who* / *which*) are kind.

Summary

Fill in the blanks with the correct words to summarize the passage.

> fierce   cruelty   appeared   lasted   ruled

Long after the Maya disappeared, the Aztecs .... in Mexico. They were .... and .... over much of Mexico. The Aztecs built a capital, and Mexico City stands there now. The Aztec priests killed people, and this .... made people hate them. The Aztec Empire .... for three centuries, beginning in the 14th century.

A Write the correct words and the meanings in Korean.

1. a thin, flat piece of something

word ....   meaning ....

2. to make someone happy or satisfied

word ....   meaning ....

3. to suffer because you do not have enough to eat

word ....   meaning ....

4. sad because something is not as good as you expected

word ....   meaning ....

B Choose the correct words to fill in the blanks.

chopped	meet	forced	worshiped

1. We .... our needs and wants with new technology.

2. At the tops of the pyramids, the Maya .... their gods.

3. At the factory, the trees are .... into small chips of wood.

4. The Aztec warriors .... people to send their own relatives to this city.

C **Write the correct words in the blanks. Then circle those words in the puzzle.**

1. to get control of people by force: _____

2. a small piece of wood, stone, metal, etc.: _____

3. to get things and to bring them together: _____

4. a piece of land that is surrounded by water: _____

5. a man with religious duties and responsibilities: _____

6. a tropical forest with a lot of trees and plants: _____

7. a large meal where people celebrate a special _____
occasion:

o	c	t	w	b	q	e	i
c	o	n	q	u	e	r	f
h	o	e	i	r	r	w	g
i	s	l	a	n	d	d	r
p	u	x	l	l	v	z	m
t	n	w	f	e	a	s	t
h	r	s	e	x	c	a	w
g	p	r	i	e	s	t	t
j	u	n	g	l	e	e	v

A Choose the correct words.

1. No one knows (*what will our future be* / *what our future will be*).

2. They thought they (*were* / *are*) lost.

3. The Aztecs were Native American people (*which* / *who*) lived in Mexico.

4. What makes you (*say* / *saying*) that?

B Correct the underlined words and then rewrite the sentences.

1. Bleach makes the pulp <u>turns</u> white.

2. They are remembering a special feast <u>who</u> the Pilgrims held.

3. Say goodbye <u>after</u> you go.

AMERICAN
TEXTBOOK
READING

Language Arts & Music

Cinderella

🎧 Listen and check ☑ what you already know.

① Cinderella lived with her stepmother and two stepsisters. ☐

Reading Focus

- Why did Cinderella run from the palace?
- Why did the prince want to find Cinderella?

② Cinderella lost one of her glass shoes as she ran from the palace. ☐

Vocabulary

- ★ cruel
- ★ stepmother
- ★ invite
- ★ ball
- ★ palace
- ★ suddenly
- ★ amaze
- ★ search
- ★ fit

Cinderella 🎧

Cinderella lived with her cruel stepmother and two selfish stepsisters.

One day, the prince invited young ladies to the grand ball at the palace. After the stepmother and stepsisters left in their coach, an old woman suddenly appeared and helped Cinderella go to the ball, saying, "Leave the ball before twelve!"

Everyone was amazed by Cinderella's beauty. The prince danced with her. When it was almost midnight, without a word, Cinderella suddenly ran from the palace.

The prince found one of her glass shoes lying on the ground.

The next day, he and his men searched for the shoe's owner. They came at long last to Cinderella's house. Cinderella tried on the shoe. It fit perfectly. He asked Cinderella to be his wife. Cinderella and the prince lived happily ever after.

Comprehension Checkup

A Choose the best answers.

1. **Why did the stepsisters leave for the palace without Cinderella?**

   a. because they were selfish

   b. because they forgot to take her

   c. because they were in a hurry

2. **How could Cinderella go to the ball?**

   a. She asked her stepmother.

   b. She used a magic wand.

   c. An old woman helped her.

3. **Why did Cinderella run from the palace?**

   a. because she did not feel well at the time

   b. because her stepmother was angry at her

   c. because she was told to leave before twelve

4. **How did the prince find Cinderella?**

   a. He found the other glass shoe.

   b. He found out where she was living.

   c. He found the owner of a glass shoe.

B Select True or False.

1. Cinderella's stepmother was very kind to her.   T / F

2. Everyone thought Cinderella was beautiful.   T / F

Vocabulary Focus

A Match the words with their meanings.

1.  **ball** •

        • **a.** upsetting and hurting people

2.  **palace** •

        • **b.** a large formal party at which people dance

3.  **amaze** •

        • **c.** a large house for a king, queen, or other rulers

4. **cruel** •

        • **d.** to surprise someone very much

B Choose the correct words to fill in the blanks.

> lying   ball   fit   invited

1. The prince _____ young ladies to the grand ball at the palace.

2. The old woman said to Cinderella, "Leave the _____ before twelve."

3. The prince found one of her glass shoes _____ on the ground.

4. The shoe _____ Cinderella perfectly.

98

Grammar Focus

Choose the correct words.

1. Everyone was (*amaze* / *amazed*) by Cinderella's beauty.

2. The Aztecs were (*hate* / *hated*) for their cruelty.

3. It was not (*allow* / *allowed*) in England.

Summary

Fill in the blanks with the correct words to summarize the story.

> ball   palace   left   search   cruel

Cinderella lived with her stepmother and stepsisters. They were _____ and selfish. One day, she went to the ball at the _____. But she had to leave the _____ before twelve. She was dancing with the prince but suddenly _____ without a word. Finding one of her glass shoes, the prince began to _____ for the shoe's owner. When he found out the owner was Cinderella, he proposed to her. They were married and lived happily ever after.

Snow White

🎧 Listen and check ☑ what you already know.

① The queen told her hunter to take Snow White into the woods and kill her. ☐

Reading Focus

- Why did the queen want to kill Snow White?
- When did Snow White come to life again?

② The queen disguised herself and took a poisoned apple to Snow White. ☐

Vocabulary

- ★ wicked
- ★ fair
- ★ woods
- ★ cottage
- ★ dwarf
- ★ disguise
- ★ poison
- ★ coffin

Snow White 🎧

Snow White lived with a wicked queen. Every day, the queen asked her mirror, "Mirror, who is the fairest one of all?" The mirror always answered, "You, my queen." But one day, it said, "Snow White is the fairest one of all."

The queen told her hunter to take Snow White into the woods and kill her. But he left her alone in the woods. She found a small cottage and saw seven kind dwarves.

After learning that Snow White was still alive, the queen disguised herself and took a poisoned apple to her. Snow White took one bite and fell down dead. The dwarves kept her in a glass coffin.

One day, a prince saw Snow White. He leaned over and kissed her, and she came back to life. Then Snow White opened her eyes.

The prince and Snow White fell in love and got married.

Comprehension Checkup

A Choose the best answers.

1. **What did the queen ask her mirror?**

   a. who the greatest woman was

   b. who the prettiest woman was

   c. who the smartest woman was

2. **Why did the queen want to kill Snow White?**

   a. because Snow White was unkind to her

   b. because Snow White did something bad

   c. because Snow White was fairer than her

3. **What did the seven dwarves do for Snow White?**

   a. They saved her from starving.

   b. They kept her in a glass coffin.

   c. They sent her to the queen.

LEVEL UP! 4. **What can be inferred from the passage?**

   a. The hunter did not like the wicked queen.

   b. The queen was jealous of Snow White's beauty.

   c. One of the seven dwarves turned into the prince.

B Select True or False.

1. The queen wanted to be the fairest of all.   T / F

2. The queen tried to kill the seven dwarves.   T / F

Vocabulary Focus

A Match the words with their meanings.

1.  **woods** •
   • **a.** a small house in the country

2. **cottage** •
   • **b.** a long box in which a dead person is buried

3. **dwarf** •
   • **c.** a large area with many trees

4. **coffin** •
   • **d.** an imaginary being that looks like a short man

B Choose the correct words to fill in the blanks.

poisoned	fairest	left	fell

1. The queen asked her mirror, "Mirror, who is the .... one of all?"

2. The hunter .... Snow White alone in the woods.

3. The queen took a .... apple to Snow White.

4. The prince and Snow White .... in love and got married.

104

Grammar Focus

Choose the correct words.

1. The queen told her hunter to take Snow White into the woods (*and* / *but*) kill her.

2. She found a small cottage (*but* / *and*) saw seven kind dwarves.

3. The queen disguised herself (*and* / *but*) took a poisoned apple to Snow White.

Summary

Fill in the blanks with the correct words to summarize the story.

| lived | coffin | poisoned | wicked | opened |

When the magic mirror said Snow White was the most beautiful one of all, the .... queen tried to get rid of her. Finally, she killed Snow White herself with a .... apple. The seven dwarves kept Snow White in a glass .... A prince kissed her, and Snow White came back to life and .... her eyes. She and the prince got married and .... happily ever after.

UNIT **15** Music

An Orchestra

🎧 Listen and check ☑ what you already know.

① Many different musical instruments come together in an orchestra. ☐

Reading Focus

- What does it take to make up an orchestra?
- What does a conductor do?

② An orchestra needs a conductor. ☐

Vocabulary

- ★ instrument
- ★ percussion
- ★ string
- ★ wind
- ★ brass
- ★ musician
- ★ conductor
- ★ respect
- ★ address

An Orchestra 🎧

Members of all families of instruments—percussion, string, wind, and brass—come together in an orchestra. It takes many musicians playing many instruments to make up an orchestra. An orchestra has a conductor. The conductor does not play an instrument. The conductor is a man or woman who stands in front of the orchestra and helps the musicians stay together and play when they are supposed to. The conductor is like the coach of a team: he or she makes sure that all the members of the orchestra play their best and do their job at the right time. To show respect, people sometimes address the conductor as 'maestro,' which means 'master.'

orchestra

conductor

Comprehension Checkup

A Choose the best answers.

1. What is the passage mainly about?

a. the importance of a conductor

b. musical instruments in an orchestra

c. techniques required for a conductor

2. Which is NOT true about an orchestra?

a. Many musicians play together.

b. Various instruments are used.

c. Percussions are not included.

3. Why do people call a conductor 'maestro'?

a. to express their respect

b. to ask for another music

c. to show their excitements

LEVEL UP! 4. What can be inferred from the passage?

a. A conductor hires the musicians.

b. A conductor is usually a composer.

c. A conductor plays an important role.

B Select True or False.

1. Wind instruments are included in an orchestra.   T / F

2. A conductor usually plays a musical instrument.   T / F

Vocabulary Focus

A Match the words with their meanings.

1.  **strings** •

        • **a.** musical instruments that you blow into to play

2.  **brass** •

        • **b.** musical instruments that have strings

3.  **percussion** •

        • **c.** musical instruments that are made of metal

4.  **wind** •

        • **d.** musical instruments, such as drums and bells

B Choose the correct words to fill in the blanks.

> like   conductor   respect   front

1. The conductor stands in _____ of the orchestra.

2. A _____ helps the musicians play when they are supposed to.

3. A conductor is _____ the coach of a team.

4. To show _____, people address the conductor as 'maestro.'

Grammar Focus

Choose the correct words.

1. People sometimes address the conductor as 'maestro,' (*who* / *which*) means 'master.'

2. Did you see the picture, (*which* / *who*) was on the table?

3. I read the email, (*who* / *which*) came from John.

Summary

Fill in the blanks with the correct words to summarize the passage.

orchestra   maestro   play   conductor   right

Percussion, string, wind, and brass instruments together make an _____. The orchestra has a _____. The conductor stands in front of the orchestra and helps the musicians _____ their best at the _____ time. The conductor is also called '_____,' which means 'master.'

Great Composers and a Symphony

🎧 Listen and check ☑ what you already know.

① A symphony is classical music written for an orchestra to play. ☐

Reading Focus

- Who wrote symphonies?
- Who is the 'Father of the Symphony'?

Vocabulary

- ★ composer
- ★ symphony
- ★ special
- ★ classical
- ★ piece
- ★ last
- ★ divide
- ★ movement
- ★ famous

② Beethoven is one of the most famous symphony composers. □

Great Composers and a Symphony 🎧

Music by composers such as Mozart, Bach, Beethoven, and Tchaikovsky is called classical music.

A symphony is a very special kind of classical music. It is a piece of music written for an orchestra to play. It may be quite a long piece – sometimes lasting half an hour or more.

It is divided into parts – usually three or four parts. They are called movements.

There are many different ways of writing a symphony. Mozart wrote forty-one symphonies.

Beethoven wrote nine great symphonies. The beginning of Beethoven's *Fifth Symphony* is one of the most famous in all of classical music. Joseph Haydn is known as the 'Father of the Symphony.'

Bach

Mozart

Beethoven

Tchaikovsky

Great composers of classical music

Comprehension Checkup

A Choose the best answers.

1. What is the passage mainly about?

a. the history of classical music

b. great music for an orchestra

c. famous symphonic composers

2. What are movements in a symphony?

a. long pieces

b. beginnings

c. divided parts

3. Who wrote nine great symphonies?

a. Bach

b. Mozart

c. Beethoven

LEVEL UP! 4. What can be inferred from the passage?

a. Symphonies are no longer written nowadays.

b. Beethoven is the most famous composer of all.

c. Some symphonies are shorter than thirty minutes.

B Select True or False.

1. Mozart wrote more symphonies than Beethoven.   T / F

2. People call Joseph Haydn 'Father of the Symphony.'   T / F

Vocabulary Focus

A Match the words with their meanings.

1.  composer   •

   • a. not ordinary or usual

2.  special   •

   • b. someone who writes music

3.  write   •

   • c. to separate something into two or more parts

4.  divide   •

   • d. to produce a new song, book, etc.

B Choose the correct words to fill in the blanks.

| known | orchestra | divided | piece |

1. A symphony is a piece of music written for an .... to play.

2. A symphony may be quite a long .... of music.

3. A symphony is .... into parts—usually three or four parts.

4. Joseph Haydn is .... as the 'Father of the Symphony.'

Grammar Focus

may

Change the sentences like the example.

> **e.g.** That <u>is</u> true. → That <u>may be</u> true.

1. A symphony <u>is</u> quite a long piece.

   →

2. I <u>am</u> late, so don't wait for me.

   →

Summary

Fill in the blanks with the correct words to summarize the passage.

> divided   classical   symphony   movements   lasts

A symphony is a special kind of _____ music.

An orchestra is designed to play a _____.

A symphony _____ half an hour or more. It is usually

_____ into three or four _____. The beginning

of Beethoven's *Fifth Symphony* is one of the most famous

movements.

A Write the correct words and the meanings in Korean.

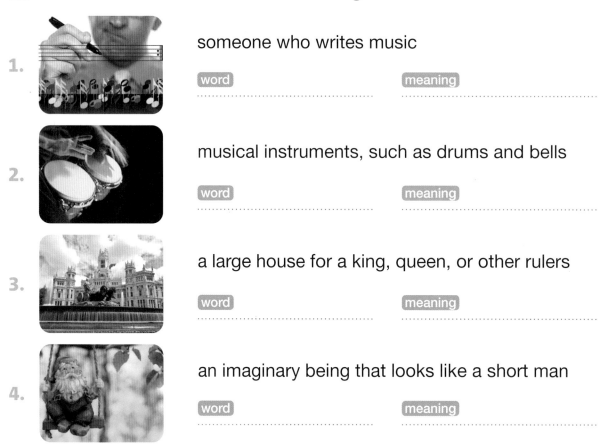

1. someone who writes music

   word .... meaning ....

2. musical instruments, such as drums and bells

   word .... meaning ....

3. a large house for a king, queen, or other rulers

   word .... meaning ....

4. an imaginary being that looks like a short man

   word .... meaning ....

B Choose the correct words to fill in the blanks.

lying	left	divided	respect

1. The hunter .... Snow White alone in the woods.

2. To show ...., people address the conductor as 'maestro.'

3. A symphony is .... into parts—usually three or four parts.

4. The prince found one of her glass shoes .... on the ground.

C Complete the crossword puzzle.

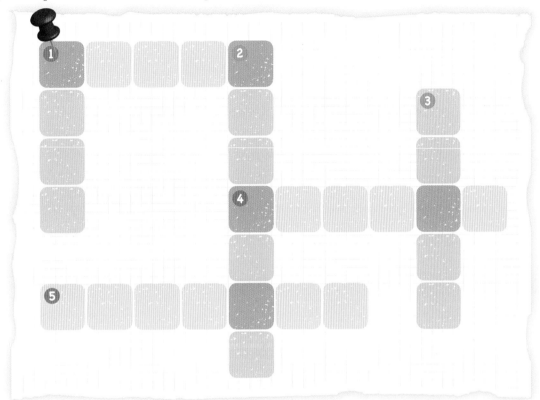

Across

1 musical instruments that are made of metal
4 a long box in which a dead person is buried
5 a small house in the country

Down

1 a large formal party at which people dance
2 not ordinary or usual
3 to produce a new song, book, etc.

A Choose the correct words.

1. Snow White found a small cottage (*or* / *and*) saw seven kind dwarves.

2. A symphony may (*is* / *be*) quite a long piece.

3. It was not (*allow* / *allowed*) in England.

4. Did you see the picture, (*which* / *what*) was on the table?

B Correct the underlined words and then rewrite the sentences.

1. Everyone was <u>amazing</u> by Cinderella's beauty.

2. I read the email, <u>who</u> came from John.

3. The queen told her hunter to take Snow White into the woods <u>but</u> kill her.

AMERICAN
TEXTBOOK
READING

Visual Arts & Math

Shapes

🎧 Listen and check ☑ what you already know.

① When lines join together, they make shapes. ☐

Reading Focus

- What is a square?
- What is an oval?

② Different shapes can give different feelings. ☐

Vocabulary

- circle
- square
- triangle
- rectangle
- oval
- diamond
- different
- roll
- wheel
- marble

Shapes 🎧

When lines join together, they make shapes. Here are three shapes: a circle, a square, and a triangle.

Here are three other shapes: a rectangle, an oval, and a diamond.

Different shapes can sometimes make you feel and think different things.

Look again at the circle and the square. Which one makes you think of something moving? Circles roll and can make you think of wheels, marbles, and balls. Squares and rectangles seem to rest in one place and can make you think of big rectangular objects, like refrigerators. Triangles have points, and the points can make you think of something moving in a certain direction, like a rocket rising into the sky.

Comprehension Checkup

A Choose the best answers.

1. What is the passage mainly about?

   a. how shapes are made with lines

   b. shapes and the thoughts they give

   c. different shapes and their meanings

2. Which one is a square?

   a.   b.   c.

3. What does a circle make you think of?

   a. refrigerators

   b. tables

   c. moving things

4. What can make you think of a rocket?

   a. a circle

   b. a triangle

   c. a square

B Select True or False.

1. Lines make shapes when they join together.   T / F

2. Different shapes give similar feelings.   T / F

Vocabulary Focus

A Match the words with their meanings.

1.  different

  a. to move by turning over and over

2.  roll

  b. a small, colored glass ball

3.  wheel

  c. not like something or someone else

4.  marble

  d. one of the round things under a car or bicycle

B Choose the correct words to fill in the blanks.

direction   points   shapes   rest

1. When lines join together, they make ....

2. Squares and rectangles seem to .... in one place.

3. Triangles have ....

4. The points in triangles can make you think of something moving in a certain ....

Grammar Focus

Choose the correct words.

1. Different shapes can sometimes make you (*feel* / *to feel*) and think different things.

2. Circles can make you (*think* / *to think*) of wheels, marbles, and balls.

3. Which one makes you (*think* / *thinking*) of something moving?

Summary

Fill in the blanks with the correct words to summarize the passage.

different   squares   wheels   moving   shapes

Lines make .... Different shapes can make you think .... things. Circles make you think of .... , marbles, and balls. .... and rectangles seem to rest in one place. Triangles have points that make you think of something .... in a certain direction.

UNIT 18 Visual Arts

Portraits

🎧 Listen and check ☑ what you already know.

① A portrait is a picture of a person. ☐

- Why is the *Mona Lisa* so famous?
- What can we tell from a portrait?

② The *Mona Lisa* was painted by the Italian artist Leonardo da Vinci. ☐

Vocabulary

- ★ picture
- ★ shelf
- ★ portrait
- ★ draw
- ★ paint
- ★ expression
- ★ fascinate

Portraits 🎧

Have you had your picture taken at school? Or is there a picture of you on a wall or shelf at home? That's your portrait.

A portrait is a picture of a person.

Portraits can be taken with cameras, or they can be drawn or painted. Perhaps the most famous portrait in the world is the *Mona Lisa*. It was painted by the Italian artist Leonardo da Vinci about five hundred years ago.

Look at the expression on Mona Lisa's face. For hundreds of years, people have been fascinated by her expression.

What do you think she might be thinking? Portraits can tell a lot about a person and the time in which he or she lived.

portrait of Mona Lisa

A Choose the best answers.

1. **What is the passage mainly about?**

   a. some portraits by Leonardo da Vinci

   b. the meaning and an example of portraits

   c. types and the importance of portraits

2. **What is a portrait?**

   a. a picture of a person

   b. a picture of a landscape

   c. a picture of a building

3. **Which is NOT something that a portrait can tell us?**

   a. some information on the person

   b. about the time the person lived

   c. about friends the person had

LEVEL UP! 4. **What can be inferred from the passage?**

   a. It took many years to paint the *Mona Lisa*.

   b. The *Mona Lisa* is famous for her expression.

   c. Leonardo da Vinci painted only one portrait.

B Select True or False.

1. A picture taken by a camera is not called a portrait.   T / F

2. Leonardo da Vinci from Italy painted the *Mona Lisa*.   T / F

Vocabulary Focus

A **Match the words with their meanings.**

1.  shelf   a. to make a picture using paint

2.  paint   b. a long, flat, narrow board attached to a wall

3.  expression   c. to attract people

4.  fascinate   d. a look on someone's face

B **Choose the correct words to fill in the blanks.**

> fascinated   expression   portrait   drawn

1. We call a picture of a person a ....

2. Portraits can be .... or painted.

3. Look at the .... on Mona Lisa's face.

4. For hundreds of years, people have been .... by her expression.

Grammar Focus

Change the underlined parts like the example and then rewrite the sentences.

> **e.g.** I <u>lost</u> my watch. → I <u>have lost</u> my watch.

1. <u>Did you have</u> your picture taken at school?

   →

2. People <u>were</u> fascinated by her expression.

   →

Summary

Fill in the blanks with the correct words to summarize the passage.

> painted   taken   expression   fascinated   portrait

A .... is a picture of a person. Not only can it be

.... with a camera, but it can be drawn or

.... The most famous portrait in the world, the

Mona Lisa, was painted by Leonardo da Vinci.

The .... on Mona Lisa's face has .... people

for a long time.

Telling Time

🎧 Listen and check ☑ what you already know.

① A clock or a watch has two hands: a short one and a longer one. ☐

P.M.

Reading Focus

- What is P.M.?
- When is 7:30?

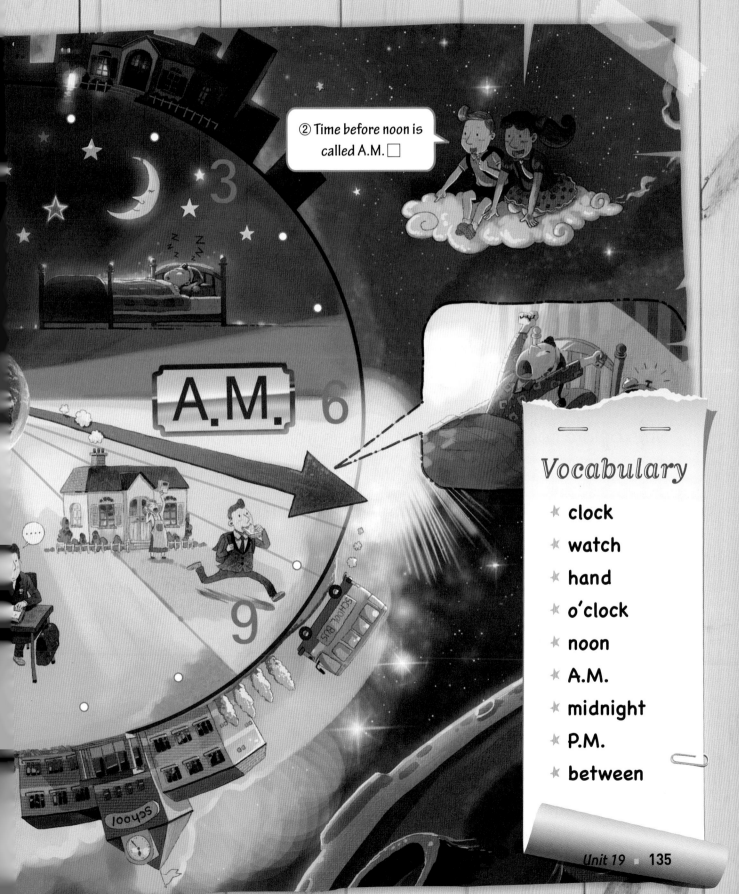

② Time before noon is called A.M. ☐

Vocabulary

- ★ clock
- ★ watch
- ★ hand
- ★ o'clock
- ★ noon
- ★ A.M.
- ★ midnight
- ★ P.M.
- ★ between

Telling Time 🎧

A clock or a watch has a short hand for hours and a longer hand for minutes. When the minute hand is on the 12, and the hour hand is on the 5, then it is 5 o'clock. Five o'clock is sometimes written 5:00.

Time before noon is called A.M. A.M. is from midnight until noon. Time after noon is called P.M. P.M. is from afternoon until midnight. So 5 A.M. is 5 o'clock in the morning, and 5 P.M. is 5 o'clock in the afternoon.

When the minute hand is on the 6 and the hour hand is between the 7 and the 8, it is 7:30. 7:30 is written as seven-thirty.

5:00 A.M.   9:00 A.M.

7:30 P.M.   9:45 P.M.

Comprehension Checkup

A Choose the best answers.

1. **What is the passage mainly about?**

   a. the history of clocks

   b. reading and telling time

   c. different types of clocks

2. **What does a clock need for telling hours?**

   a. a long hand

   b. a short hand

   c. two long hands

3. **When is P.M.?**

   a. from afternoon until midnight

   b. from morning until noon

   c. from afternoon until evening

LEVEL UP! 4. **What can be inferred from the passage?**

   a. P.M. covers longer hours than A.M.

   b. Clocks with hands are not used today.

   c. If it's 2 o'clock, the minute hand is on 12.

B Select True or False.

1. The short hand of a clock shows minutes.   T / F

2. Five P.M. is 5 o'clock in the morning.   T / F

A Match the words with their meanings.

1.  hand •

        • **a.** a time that shows the exact hour

2. noon •

        • **b.** one of the long pieces that points at the numbers on a clock

3. between •

        • **c.** 12 o'clock in the daytime

4. o'clock •

        • **d.** in the space that separates two things

B Choose the correct words to fill in the blanks.

P.M.   before   midnight   after

1. Time _____ noon is called A.M.

2. Time _____ noon is called P.M.

3. Three _____ is 3 o'clock in the afternoon.

4. P.M. is from afternoon until _____.

138

Grammar Focus

Choose the correct words.

1. A clock or a watch (*have* / *has*) a short hand for hours and a longer hand for minutes.

2. You or I (*are* / *am*) winning the championship.

3. They and she (*is* / *are*) good at speaking English.

Summary

Fill in the blanks with the correct words to summarize the passage.

afternoon   minutes   hands   hours   morning

A clock or a watch has two ....: a short one and

a longer one. The short hand shows ...., and

the longer one shows .... A.M. is in the ....

and P.M. is from .... until midnight.

Five A.M. is 5 o'clock in the morning. Sometimes 7:30 is

written as seven-thirty.

Counting Money

🎧 Listen and check ☑ what you already know.

① A coin is used as currency or money. ☐

Reading Focus

- What types of coins are there?
- What is a dime worth in America?

② A quarter is worth 25 cents. ☐

Vocabulary

- ★ coin
- ★ metal
- ★ currency
- ★ penny
- ★ nickel
- ★ dime
- ★ quarter
- ★ worth
- ★ practice

Counting Money 🎧

A coin is normally a round piece of metal that is used as currency or money. Coins have been made for about 2,600 years. Here are pictures of some coins used in the United States.

penny   nickel   dime   quarter

A penny is worth 1 cent.   A nickel is worth 5 cents.

A dime is worth 10 cents.   A quarter is worth 25 cents.

Learn the names of each of these coins and how much they are worth. Money can be used when practicing counting, adding, and subtracting.

How much money is pictured here?

Count by tens for the dimes: 10 cents, 20 cents, 30 cents.

Count by fives for the nickels: 35 cents, 40 cents, 45 cents.

Count by ones for the pennies: 46 cents, 47 cents, 48 cents.

Therefore, the total pictured is 48 cents.

Comprehension Checkup

A Choose the best answers.

1. **What is the passage mainly about?**

   a. the importance of coins

   b. materials used in coins

   c. coins and counting money

2. **What is worth 25 cents?**

   a. a dime

   b. a nickel

   c. a quarter

3. **What are two dimes and three nickels worth?**

   a. 30 cents

   b. 35 cents

   c. 40 cents

LEVEL UP! 4. **What can be inferred from the passage?**

   a. Coins are usually made of expensive metal.

   b. A bigger coin does not mean it is worth more.

   c. Ancient coins were bigger than the ones today.

B Select True or False.

1. A nickel is worth less than a penny.   T / F

2. Five nickels are worth the same as a quarter.   T / F

Vocabulary Focus

A **Match the words with their meanings.**

1.  metal •

    • a. the money that a country uses

2. currency •

    • b. to do an activity regularly to improve your skill

3. practice •

    • c. to show something in a photograph, painting, or drawing

4. picture •

    • d. a hard, usually shiny substance, such as iron, gold, etc.

B **Choose the correct words to fill in the blanks.**

dime	nickel	quarter	coins

1. _____ have been made for about 2,600 years.

2. A _____ is worth 5 cents.

3. A _____ is worth 10 cents.

4. A _____ is worth 25 cents.

Grammar Focus

Choose the correct words.

1. (*Coins* / *A coin*) is a round piece of metal.

2. A dime is worth 10 (*cent* / *cents*).

3. How (*much* / *many*) money is pictured here?

Summary

Fill in the blanks with the correct words to summarize the passage.

much   coins   counting   worth   names

People began to make .... 2,600 years ago.

A nickel is worth 5 cents. A dime is worth 10 cents.

A quarter is worth 25 cents. .... money correctly

is very important. Remember the .... of the

coins and how .... they are ....

A Write the correct words and the meanings in Korean.

1.

a look on someone's face

word ....   meaning ....

2.

to do an activity regularly to improve your skill

word ....   meaning ....

3.

one of the round things under a car or bicycle

word ....   meaning ....

4.

one of the long pieces that points at the numbers on a clock

word ....   meaning ....

B Choose the correct words to fill in the blanks.

shapes	quarter	before	portrait

1. A .... is worth 25 cents.

2. Time .... noon is called A.M.

3. We call a picture of a person a ....

4. When lines join together, they make ....

C Write the correct words in the blanks. Then circle those words in the puzzle.

1. to attract people: _____
2. 12 o'clock in the daytime: _____
3. to move by turning over and over: _____
4. in the space that separates two things: _____
5. the money that a country uses: _____
6. a long, flat, narrow board attached to a wall: _____

f	w	s	h	e	l	f	y
a	c	o	m	p	o	a	e
u	h	e	i	b	r	s	h
c	u	r	r	e	n	c	y
j	l	o	a	t	v	i	r
c	y	l	l	w	e	n	a
f	c	l	o	e	y	a	w
r	f	y	k	e	d	t	t
a	n	o	o	n	n	e	s

A Choose the correct words.

1. People have (*be* / *been*) fascinated by her expression.

2. Which one makes you (*think* / *thinking*) of something moving?

3. A nickel is worth 5 (*cent* / *cents*).

4. They and she (*are* / *is*) good at speaking English.

B Correct the underlined words and then rewrite the sentences.

1. Have you <u>have</u> your picture taken at school?

   ➜

2. Circles can make you <u>thinking</u> of wheels, marbles, and balls.

   ➜

3. A clock or a watch <u>have</u> a short hand for hours and a longer hand for minutes.

   ➜

☐	jungle	명 정글
☐	only	형 유일한
☐	written	형 쓰여진, 문자로 된
☐	corn	명 옥수수
☐	bean	명 콩
☐	city	명 도시
☐	pyramid	명 피라미드
☐	step	명 계단
☐	bottom	명 바닥, 밑
☐	priest	명 제사장, 성직자
☐	climb	동 오르다
☐	be good at	~을 잘하다
☐	architecture	명 건축
☐	smart	형 영리한, 똑똑한
☐	mathematics	명 수학

☐	Pilgrim	명 순례자
☐	religious	형 신앙심 깊은, 독실한
☐	worship	명동 예배하다, 숭배하다
☐	allow	동 허락하다
☐	step off	(자동차·배 등에서) 내리다
☐	save	동 (사람을) 구하다, 구제하다
☐	starve	명동 굶주리다
☐	celebrate	동 기념하다, 축하하다
☐	feast	명 축제
☐	hunt	동 사냥하다
☐	colonist	명 식민지 주민
☐	Puritan	명 청교도
☐	deeply	부 깊이, 몹시
☐	agree	동 일치하다, 동의하다
☐	belief	명 신앙, 믿음

☐☐☐	empire	명	제국
☐☐☐	last	동	계속되다, 이어지다
☐☐☐	fierce	형	난폭한, 사나운
☐☐☐	appear	동	나타나다
☐☐☐	present-day	형	오늘날의
☐☐☐	conquer	동	정복하다
☐☐☐	already	부	이미, 벌써
☐☐☐	rule	동	지배하다, 통치하다
☐☐☐	capital	명	수도
☐☐☐	stand	동	(~에) 있다, 위치해 있다
☐☐☐	warrior	명	전사
☐☐☐	relative	명	친척
☐☐☐	please	동	기쁘게 하다
☐☐☐	cruelty	명	잔인함
☐☐☐	hate	동	미워하다

☐☐☐	set sail for		~을 향해 출항하다
☐☐☐	sail	동	항해하다
☐☐☐	while	접	~하는 동안에
☐☐☐	lose	동	(길을) 잃다
☐☐☐	disappointed	형	실망한
☐☐☐	sailor	명	선원
☐☐☐	be about to		막 ~하려고 하다
☐☐☐	turn back		되돌아가다
☐☐☐	island	명	섬
☐☐☐	near	전	~ 가까이에
☐☐☐	native	명	원주민
☐☐☐	wrong	형	잘못된, 틀린
☐☐☐	call	동	부르다
☐☐☐	descendant	명	후손
☐☐☐	come upon		우연히 ~을 찾아내다

13 Cinderella

- ☐☐☐ **cruel** 형 잔인한, 매정한
- ☐☐☐ **stepmother** 명 계모, 새엄마
- ☐☐☐ **selfish** 형 이기적인
- ☐☐☐ **stepsister** 명 이복 자매, 세언니
- ☐☐☐ **invite** 동 초대하다
- ☐☐☐ **grand** 형 웅대한, 성대한
- ☐☐☐ **ball** 명 무도회
- ☐☐☐ **palace** 명 궁전
- ☐☐☐ **coach** 명 마차
- ☐☐☐ **suddenly** 부 갑자기
- ☐☐☐ **amaze** 동 놀라게 하다
- ☐☐☐ **search** 동 찾다, 수색하다
- ☐☐☐ **at long last** 가까스로, 마침내
- ☐☐☐ **fit** 동 맞다
- ☐☐☐ **ever after** 그 이후로 쭉

08 Technology

- ☐☐☐ **technology** 명 기술
- ☐☐☐ **use** 동 사용하다 명 쓰임
- ☐☐☐ **more than ever** 그 어느 때보다도 더
- ☐☐☐ **tiny** 형 아주 작은
- ☐☐☐ **surgery** 명 수술
- ☐☐☐ **collect** 동 수집하다, 모으다
- ☐☐☐ **various** 형 다양한
- ☐☐☐ **information** 명 정보
- ☐☐☐ **possible** 형 가능한
- ☐☐☐ **through** 전 ~을 통해
- ☐☐☐ **application** 명 애플리케이션, 응용 프로그램
- ☐☐☐ **meet** 동 (필요 · 요구 등을) 충족시키다
- ☐☐☐ **for sure** 확실히
- ☐☐☐ **future** 명 미래
- ☐☐☐ **come true** 실현되다

14 Snow White

- wicked 형 사악한
- fair 형 아름다운
- hunter 명 사냥꾼
- woods 명 숲
- cottage 명 오두막
- dwarf 명 난쟁이
- disguise 동 변장하다
- poison 동 독을 넣다
- bite 명 한 입
- fall down 쓰러지다
- dead 형 죽은
- coffin 명 관
- lean over 동 ~너머로 몸을 구부리다
- fall in love 사랑에 빠지다
- get married 결혼하다

07 Trees and Paper

- paper towel 명 종이 타월
- plant 동 심다
- fully 부 완전히
- grown 형 성장한, 다 자란
- cut down 베어 내다
- factory 명 공장
- chop 동 잘게 자르다
- be mixed with ~와 섞이다
- chip 명 조각, 부스러기
- pulp 명 펄프
- bleach 명 표백제
- be added to ~에 추가되다
- dry 동 ~을 말리다, 건조시키다
- press 동 압착하다, 압축하다
- sheet 명 얇은 종이, 납작한 판

UNIT 15 An Orchestra

- ☐☐ **instrument** 명 악기
- ☐☐ **percussion** 명 (집합적) 타악기
- ☐☐ **string** 명 (집합적) 현악기
- ☐☐ **wind** 명 (집합적) 목관 악기
- ☐☐ **brass** 명 (집합적) 금관 악기
- ☐☐ **come together** 합치다
- ☐☐ **musician** 명 연주자, 음악가
- ☐☐ **make up** ~을 구성하다
- ☐☐ **conductor** 명 지휘자
- ☐☐ **in front of** ~ 앞에
- ☐☐ **coach** 명 코치
- ☐☐ **make sure** ~을 확실히 하다
- ☐☐ **at the right time** 제때, 알맞은 시간에
- ☐☐ **respect** 명 존경 동 존경하다
- ☐☐ **address** 동 (~라고) 부르다

UNIT 06 Earth's Resources

- ☐☐ **come from** ~에서 나오다
- ☐☐ **natural resource** 명 천연자원
- ☐☐ **careful** 형 주의하는, 조심하는
- ☐☐ **use up** 다 써 버리다
- ☐☐ **need** 동 ~이 필요하다
- ☐☐ **pollution** 명 오염
- ☐☐ **cause** 동 일으키다, 야기하다
- ☐☐ **damage** 명 손상
- ☐☐ **problem** 명 문제
- ☐☐ **happen** 동 일어나다, 발생하다
- ☐☐ **trash** 명 쓰레기
- ☐☐ **chemical** 명 화학물질
- ☐☐ **get into** ~ 속으로 들어가다
- ☐☐ **clean** 형 깨끗한
- ☐☐ **sick** 형 병든

UNIT 16 Great Composers and a Symphony

☐☐☐	composer	명	작곡가
☐☐☐	such as		~와 같은
☐☐☐	classical	형	고전의, 클래식 음악의
☐☐☐	symphony	명	교향곡
☐☐☐	special	형	특별한
☐☐☐	piece	명	곡, 소곡, 악곡
☐☐☐	play	동	연주하다
☐☐☐	quite	부	꽤, 상당히
☐☐☐	sometimes	부	때때로, 가끔
☐☐☐	last	동	지속되다
☐☐☐	divide	동	나누다
☐☐☐	movement	명	악장
☐☐☐	different	형	다른, 다양한
☐☐☐	famous	형	유명한
☐☐☐	be known as		~로 알려져 있다

UNIT 05 Changing Land

☐☐☐	change	동	~을 바꾸다, 변화시키다
☐☐☐	weathering	명	풍화 (작용)
☐☐☐	crack	동	(갈라진) 틈
☐☐☐	freeze	동	얼다
☐☐☐	push	동	밀다
☐☐☐	end up		결국에는 ~하게 되다
☐☐☐	break apart		쪼개다
☐☐☐	root	명	뿌리
☐☐☐	slowly	부	천천히, 서서히
☐☐☐	due to		~ 때문에
☐☐☐	erosion	명	침식, 부식
☐☐☐	blow	동	날려 보내다
☐☐☐	soil	명	토양, 흙
☐☐☐	prevent	동	예방하다, 막다
☐☐☐	in place		제자리에

UNIT
17 Shapes

☐☐☐	**join**	통 이어지다, 연결되다
☐☐☐	**circle**	명 원
☐☐☐	**square**	명 정사각형
☐☐☐	**triangle**	명 삼각형
☐☐☐	**rectangle**	명 직사각형
☐☐☐	**oval**	명 타원형
☐☐☐	**diamond**	명 마름모
☐☐☐	**different**	형 다른
☐☐☐	**roll**	통 구르다
☐☐☐	**wheel**	명 바퀴
☐☐☐	**marble**	명 구슬
☐☐☐	**rest**	통 (어느 곳에) 있다, 머무르다
☐☐☐	**rectangular**	형 직사각형의
☐☐☐	**object**	명 물건, 물체
☐☐☐	**certain**	형 특정한

UNIT
04 Rock and Soil

☐☐☐	**rock**	명 암석, 바위
☐☐☐	**naturally**	부 자연적으로
☐☐☐	**occurring**	형 발생하는
☐☐☐	**be made up of**	~로 구성되다
☐☐☐	**mineral**	명 광물, 무기물
☐☐☐	**form**	통 형성하다
☐☐☐	**vary**	통 다양하다
☐☐☐	**beneath**	전 ~의 밑에
☐☐☐	**layer**	명 층
☐☐☐	**combination**	명 혼합물, 결합
☐☐☐	**fragment**	명 입자, 파편, 조각
☐☐☐	**organic**	형 유기의
☐☐☐	**ecosystem**	명 생태계
☐☐☐	**climate**	명 기후
☐☐☐	**quality**	명 특성, 품질

☐☐☐	picture	몡 사진, 그림
☐☐☐	take	용 (사진을) 찍다
☐☐☐	wall	몡 벽
☐☐☐	shelf	몡 선반
☐☐☐	portrait	몡 초상화
☐☐☐	person	몡 인물, 사람
☐☐☐	draw	용 (선으로) 그리다
☐☐☐	paint	용 (그림물감 등으로) 그리다
☐☐☐	perhaps	뷔 아마도
☐☐☐	the most	가장, 제일
☐☐☐	famous	혱 유명한
☐☐☐	artist	몡 화가
☐☐☐	expression	몡 표정, 표현
☐☐☐	fascinate	용 마음을 사로잡다, 매혹하다
☐☐☐	a lot	많이

☐☐☐	earth	몡 지구
☐☐☐	be made up of	~로 구성되다
☐☐☐	surface	몡 표면
☐☐☐	be covered with	~로 덮여 있다
☐☐☐	solid	혱 고체의, 단단한
☐☐☐	stone	몡 돌
☐☐☐	sand	몡 모래
☐☐☐	dirt	몡 먼지
☐☐☐	substance	몡 물질
☐☐☐	salt	몡 소금, 염분
☐☐☐	stream	몡 시내, 개울
☐☐☐	mostly	뷔 대부분, 대개
☐☐☐	flow	용 흐르다
☐☐☐	flat	혱 평평한, 편평한
☐☐☐	valley	몡 계곡

UNIT 19 Telling Time

		영어	품사	뜻
☐☐☐	clock	명	(벽에 걸거나 실내에 두는) 시계
☐☐☐	watch	명	손목시계
☐☐☐	short	형	짧은
☐☐☐	hand	명	시계 바늘
☐☐	hour	명	시
☐☐	minute	명	분
☐☐☐	o'clock	부	~시
☐☐	sometimes	부	때때로, 가끔
☐☐☐	write	동	쓰다, 적다
☐☐☐	before	전	~ 전에
☐☐☐	noon	명	정오
☐☐	A.M.		오전
☐☐	midnight	명	자정
☐☐	P.M.		오후
☐☐	between	전	~의 사이에

UNIT 02 Water Habitats

☐☐	lake	명	호수
☐☐	large	형	큰, 넓은
☐☐	around	전	~의 주위에
☐☐	most	형	대부분의
☐☐	fresh water	명	민물
☐☐	grow	동	자라다, 성장하다
☐☐	shelter	명	주거지, 은신처
☐☐	beaver	명	비버
☐☐	dam	명	댐
☐☐	safe	형	안전한
☐☐	ocean	명	대양, 바다
☐☐	deep	형	깊은
☐☐	mammal	명	포유동물
☐☐	such as	전	~와 같은
☐☐	shark	명	상어

	coin	명 동전
☐☐☐	normally	부 보통, 일반적으로
☐☐☐	metal	명 금속
☐☐☐	currency	명 통화
☐☐☐	picture	명 사진, 그림 / 통 사진[그림]으로 나타내다
☐☐☐	penny	명 페니(1센트)
☐☐☐	nickel	명 니켈(5센트)
☐☐☐	dime	명 다임(10센트)
☐☐☐	quarter	명 쿼터(25센트)
☐☐☐	worth	형 ~의 가치가 있는
☐☐☐	cent	명 센트(100분의 1달러)
☐☐☐	practice	통 연습하다
☐☐☐	counting	명 숫자 세기
☐☐☐	adding	명 더하기
☐☐☐	subtracting	명 빼기

	habitat	명 서식지
☐☐☐	ecosystem	명 생태계
☐☐☐	grassland	명 초원, 목초지
☐☐☐	land	명 땅, 육지, 지대
☐☐☐	contain	통 ~이 들어 있다
☐☐☐	wild	형 야생의
☐☐☐	mouse	명 쥐 (복수형은 mice)
☐☐☐	hawk	명 매
☐☐☐	zebra	명 얼룩말
☐☐☐	forest	명 숲, 삼림
☐☐☐	survive	통 살아남다, 생존하다
☐☐☐	deer	명 사슴
☐☐☐	raccoon	명 미국너구리
☐☐☐	squirrel	명 다람쥐
☐☐☐	woodpecker	명 딱따구리

Word List 활용법

의미를 아는 단어에는 V 표시를 하세요.

표시되지 않은 단어들을 중심으로 학습한 후, 다시 한 번 V 표시를 하며 단어들을 숙지했는지 점검해 보세요.

* 본책과 분리하여 사용하세요. (점선을 따라 자른 후 반으로 접으면 책 형태의 단어장이 됩니다.)

영어 리딩의 최종 목적지, 논픽션 리딩에 강해지는

READING

미국교과서 리딩

LEVEL 4 ②

논픽션 독해력
미국 교과과정의 핵심 지식 습득과 독해력 향상

문제 해결력
지문 내용을 완전히 소화하도록 하는 수준별 독해 유형 연습

통합사고력
배경지식과 새로운 정보를 연결하여 내 것으로 만드는 연습

자기주도력
스스로 계획하고 성취도를 점검하는 자기주도 학습 습관 형성

Word List

READING

미국교과서 리딩

4.2

키출판사

4.2

미국교과서 리딩
READING

Workbook & Answer Key

미국교과서 리딩

READING

LEVEL 4 ②

Workbook

길벗스쿨

Land Habitats

A Look, choose, and write.

1.

2.

3.

forest

zebra

land

grassland

contain

hawk

4.

5.

6.

B Look, read, and circle.

1.

The horses' ⓐ food / ⓑ habitat is grasslands.

2.

Bears need forests to ⓐ survive / ⓑ contain.

3.

You can see ⓐ wild / ⓑ area flowers along the road.

4.

ⓐ Hawks / ⓑ Woodpeckers make holes in trees.

Unit 02　Water Habitats

A　Look, choose, and write.

1.
_____

2.
_____

3.
_____

4.
_____

5.
_____

6.
_____

ocean
shelter
beaver
lake
dam
around

B　Look, read, and circle.

1.
Whales are
ⓐ mammals
ⓑ fish
.

2.
He is putting his arms
ⓐ around
ⓑ near
her.

3.
Most lakes are
ⓐ live
ⓑ fresh
water.

4.
The place does not look
ⓐ safe
ⓑ dangerous
.

What Earth Looks Like

A Look, choose, and write.

1.

2.

3.

| solid |
| mountain |
| flat |
| salt |
| Earth |
| flow |

4.

5.

6.

B Look, read, and circle.

1.

A ⓐ lake / ⓑ stream flows through the land.

2.

The river runs along the ⓐ ocean / ⓑ valley.

3.

The ⓐ shape / ⓑ surface of this road is rough.

4.

Many rivers ⓐ flow / ⓑ cover into the oceans.

Rock and Soil

A Look, choose, and write.

1.
_____

2.
_____

3.
_____

4.
_____

5.
_____

6.
_____

different
layer
rock
combination
soil
beneath

B Look, read, and circle.

1.

The ⓐ water / ⓑ climate in this area is mild.

2.

Soil ⓐ quality / ⓑ question is important for plants.

3.

Air is a ⓐ mineral / ⓑ combination of many gases.

4.

The weather ⓐ grows / ⓑ varies hourly.

Changing the Land

A Look, choose, and write.

1.
_____

2.
_____

3.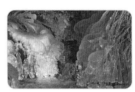
_____

4.
_____

5.
_____

6.
_____

blow

push

roots

crack

break

freeze

B Look, read, and circle.

1.
Water ⓐ freezes / ⓑ boils at 0°C.

2.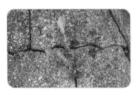
A plant is growing in a ⓐ hole / ⓑ crack .

3.
ⓐ Watering / ⓑ Weathering and erosion change land.

4.
Wear a seatbelt to ⓐ prevent / ⓑ change injuries.

Earth's Resources

A   Look, choose, and write.

1. _____

2.  _____

3.  _____

pollution

damage

chemical

careful

resource

trash

4.  _____

5.  _____

6. 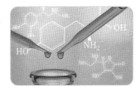 _____

B   Look, read, and circle.

1.

Don't leave the
ⓐ resources
ⓑ trash
behind.

2.

Try to drink enough
ⓐ clean
ⓑ chemical
water.

3.

Oil is an important
ⓐ natural
ⓑ careful
resource.

4.

He
ⓐ used up
ⓑ damaged
all his money.

A Look, choose, and write.

1.

2.

3.

factory

sheet

chop

trees

bleach

chip

4.

5.

6.

B Look, read, and circle.

1.

He   ⓐ pressed / ⓑ pulled   down on the brake pedal.

2.

ⓐ Mix / ⓑ Chop   two colors and make another color.

3.

Prepare a ⓐ chip / ⓑ sheet   of paper on your desk.

4.

Don't  ⓐ cut down / ⓑ heat up   any trees.

Unit 08 — Technology

A Look, choose, and write.

1.
_____

2.
_____

3.
_____

4.
_____

5.
_____

6.
_____

information
robot
collect
tiny
tablet
surgery

B Look, read, and circle.

1.

A drone is one of the new
ⓐ technologies
ⓑ tablets
.

2.

People use computers at their
ⓐ dreams
ⓑ jobs
.

3.

She
ⓐ knew
ⓑ collected
over a hundred postcards.

4.

It is so
ⓐ tiny
ⓑ big
that I can't see it.

Columbus and the New World

A Look, choose, and write.

1.

_____

2.

_____

3.

_____

island

turn back

native

sail

lost

disappointed

4.

_____

5.

_____

6.

_____

B Look, read, and circle.

1.

He was so
ⓐ excited
ⓑ disappointed
at the time.

2.

He is a
ⓐ descendant
ⓑ native
of a famous musician.

3.

They call
ⓐ themselves
ⓑ yourself
warriors.

4.

They set
ⓐ sail
ⓑ down
for New York.

The Pilgrims and the Puritans

A Look, choose, and write.

1.

2.

3.

show

worship

step off

starve

hunt

feast

4.

5.

6.

B Look, read, and circle.

1.

You are not ⓐ saved / ⓑ allowed to eat here.

2.

They are ⓐ starving / ⓑ celebrating Thanksgiving Day.

3.

The girl is very ⓐ excited / ⓑ religious.

4.

They have a ⓐ special / ⓑ plant dish on Thanksgiving.

A **Look, choose, and write.**

1.

2.

3.

4.

5.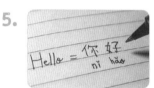

6.

language
priest
build
step
jungle
pyramid

B **Look, read, and circle.**

1.

People are   ⓐ floating   ⓑ climbing   up a pyramid.

2.

The man is   ⓐ building   ⓑ worshiping   his god.

3.

There are   ⓐ steps   ⓑ chairs   between the seats.

4.

In college, she studied   ⓐ architecture   ⓑ languages .

The Aztecs

A · Look, choose, and write.

1.

2.

3.

4.

5.

6.

empire

fierce

please

appear

conquer

warrior

B · Look, read, and circle.

1.

   The king ⓐ ruled / ⓑ lived over the land.

2.

   The island is the ⓐ capital / ⓑ priest of the country.

3.

   She ⓐ forced / ⓑ pleased  me to eat vegetables.

4.

   She is one of my ⓐ warriors / ⓑ relatives .

A Look, choose, and write.

1.

2.

3.

4.

5.

6.

search

try on

amaze

invite

palace

ball

B Look, read, and circle.

1.

The shoes ⓐ tried ⓑ fit her perfectly.

2.

People are ⓐ dancing ⓑ running at a ball.

3.

A ⓐ coach ⓑ palace is a vehicle pulled by horses.

4.

They are ⓐ cruel ⓑ nice to animals.

14

A Look, choose, and write.

1.

2.

3.

woods

fair

disguise

cottage

dwarf

coffin

4.

5.

6.

B Look, read, and circle.

1.

The queen gave her a ⓐ poisoned / ⓑ disguised apple.

2.

Why don't you take a ⓐ bite / ⓑ glass ?

3.

Thank goodness he is still ⓐ ahead / ⓑ alive !

4.

The ⓐ mirror / ⓑ coffin is broken.

An Orchestra

A Look, choose, and write.

1.

2.

3.

4.

5.

6.

coach

percussion

conductor

wind

brass

strings

B Look, read, and circle.

1.

He is conducting an
ⓐ orientation
ⓑ orchestra
.

2.

They showed their
ⓐ respect
ⓑ members
to the teacher.

3.

She stood in
ⓐ best
ⓑ front
of the class.

4.

He is a great
ⓐ musician
ⓑ instrument
.

Great Composers and a Symphony

A Look, choose, and write.

1. 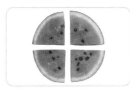 _____

2.  _____

3.  _____

write

famous

symphony

divide

special

composer

4.  _____

5. 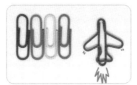 _____

6.  _____

B Look, read, and circle.

1.

Orchestras usually play ⓐ classical ⓑ electronic music.

2.

Beethoven was a great ⓐ symphony ⓑ composer .

3.

This plate is ⓐ divided ⓑ made into four parts.

4.

There are two ⓐ different ⓑ many ways to choose.

A Look, choose, and write.

1.

_____

2.

_____

3.

_____

oval

different

wheel

triangle

roll

marble

4.

_____

5.

_____

6.

_____

B Look, read, and circle.

1.

There are so many different _____ .

ⓐ circles
ⓑ shapes

2.

A _____ has four equal sides.

ⓐ rectangle
ⓑ square

3.

Which _____ is north?

ⓐ object
ⓑ direction

4.

This road _____ that road.

ⓐ joins
ⓑ rises

Unit 18 — Portraits

A Look, choose, and write.

1.

2.

3.

4.

5.

6.

shelf

expression

portrait

paint

fascinate

camera

_____ _____ _____

_____ _____ _____

B Look, read, and circle.

1.

The girl is painting a
ⓐ picture
ⓑ wall
.

2.

People are
ⓐ fascinated
ⓑ drawn
by her expression.

3.

This portrait was
ⓐ drawn
ⓑ taken
by a camera.

4.

What can we tell about this
ⓐ person
ⓑ shelf
?

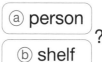

Telling Time

A Look, choose, and write.

1.

_____

2.

_____

3.

_____

between

noon

clock

hour hand

watch

minute hand

4.

_____

5.

_____

6.

_____

B Look, read, and circle.

1.

It is eight
  ⓐ clock
  ⓑ o'clock
.

2.

It is five
  ⓐ thirty
  ⓑ thirteen
now.

3.

The
  ⓐ minute
  ⓑ hour
hand in on the 2.

4.

What
  ⓐ time
  ⓑ hour
is it?

Unit 20 — Counting Money

A Look, choose, and write.

1.
_____

2.
_____

3.
_____

4.
_____

5.
_____

6.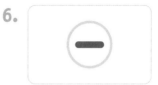
_____

| coins |
| subtracting |
| metal |
| currency |
| practice |
| adding |

B Look, read, and circle.

1.

Two quarters are worth 50 ⓐ dimes / ⓑ cents .

2.

There is a ⓐ quarter / ⓑ penny at the bottom.

3.

Can you ⓐ count / ⓑ learn the money?

4.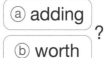

How much are these ⓐ adding / ⓑ worth ?

Unit 01

A 그림에 알맞은 단어를 골라 쓰세요.

1. land
2. contain
3. hawk
4. zebra
5. grassland
6. forest

B 그림을 보고 알맞은 단어에 동그라미 하세요.

1. 말들의 서식지는 초원입니다. [ⓑ]
2. 곰은 생존하기 위해 숲이 필요합니다. [ⓐ]
3. 당신은 도로를 따라 야생 꽃을 볼 수 있습니다. [ⓐ]
4. 딱따구리는 나무에 구멍을 만듭니다. [ⓑ]

Unit 02

A 그림에 알맞은 단어를 골라 쓰세요.

1. dam
2. shelter
3. around
4. beaver
5. lake
6. ocean

B 그림을 보고 알맞은 단어에 동그라미 하세요.

1. 고래는 포유류입니다. [ⓐ]
2. 그가 그녀 주위에 팔을 두르고 있습니다. [ⓐ]
3. 대부분의 호수는 민물[담수]입니다. [ⓑ]
4. 이 장소는 안전해 보이지 않습니다. [ⓐ]

Unit 03

A 그림에 알맞은 단어를 골라 쓰세요.

1. Earth
2. salt
3. mountain
4. flat
5. flow
6. solid

B 그림을 보고 알맞은 단어에 동그라미 하세요.

1. 시내는 육지를 가로질러 흐릅니다. [ⓑ]
2. 그 강은 계곡을 따라 흐릅니다. [ⓑ]
3. 그 도로의 표면은 거칩니다. [ⓑ]
4. 많은 강들은 바다로 흘러갑니다. [ⓐ]

Unit 04

A 그림에 알맞은 단어를 골라 쓰세요.

1. rock
2. soil
3. beneath
4. layer
5. combination
6. different

B 그림을 보고 알맞은 단어에 동그라미 하세요.

1. 이 지역의 기후는 온화합니다. [ⓑ]
2. 토양의 질은 식물에게 중요합니다. [ⓐ]
3. 공기는 많은 가스들의 혼합물입니다. [ⓑ]
4. 날씨는 매시간 다릅니다. [ⓑ]

Unit 05

A 그림에 알맞은 단어를 골라 쓰세요.

1. crack
2. blow
3. freeze
4. roots
5. break
6. push

B 그림을 보고 알맞은 단어에 동그라미 하세요.

1. 물은 섭씨 0도에서 업니다. [ⓐ]
2. 한 식물이 틈에서 자라고 있습니다. [ⓑ]
3. 풍화와 침식은 땅을 변화시킵니다. [ⓑ]
4. 부상을 피하기 위해서 안전벨트를 착용하세요. [ⓐ]

Unit 06

A 그림에 알맞은 단어를 골라 쓰세요.

1. careful
2. trash
3. damage
4. pollution
5. resource
6. chemical

B 그림을 보고 알맞은 단어에 동그라미 하세요.

1. 쓰레기를 두고 가지 마세요. [ⓑ]
2. 충분한 깨끗한 물을 마시도록 하세요. [ⓐ]
3. 기름은 중요한 천연자원이다. [ⓐ]
4. 그는 모든 돈을 써 버렸다. [ⓐ]

Unit 07

A 그림에 알맞은 단어를 골라 쓰세요.

1. chop
2. sheet
3. trees
4. chip
5. bleach
6. factory

B 그림을 보고 알맞은 단어에 동그라미 하세요.

1. 브레이크 페달을 누르지 마세요. [ⓐ]
2. 두 색을 섞어서 또 다른 색을 만드세요. [ⓐ]
3. 책상 위에 종이 한 장을 준비하세요. [ⓑ]

4. 어떤 나무도 자르지 마세요. [ⓐ]

Unit 08

Ⓐ 그림에 알맞은 단어를 골라 쓰세요.

1. surgery **2.** collect **3.** information
4. tiny **5.** tablet **6.** robot

Ⓑ 그림을 보고 알맞은 단어에 동그라미 하세요.

1. 드론은 새로운 기술 중에 하나입니다. [ⓐ]
2. 사람들은 직장에서 컴퓨터를 사용합니다. [ⓑ]
3. 그녀는 백장이 넘는 엽서를 수집했습니다. [ⓑ]
4. 그것은 너무 작아서 제가 볼 수가 없습니다. [ⓐ]

Unit 09

Ⓐ 그림에 알맞은 단어를 골라 쓰세요.

1. disappointed **2.** island **3.** sail
4. native **5.** lost **6.** turn back

Ⓑ 그림을 보고 알맞은 단어에 동그라미 하세요.

1. 그는 그때 굉장히 실망했습니다. [ⓑ]
2. 그는 유명한 음악가의 후손입니다. [ⓐ]
3. 그들은 그들 자신을 전사라고 부릅니다. [ⓐ]
4. 그들은 뉴욕으로 출항했습니다. [ⓐ]

Unit 10

Ⓐ 그림에 알맞은 단어를 골라 쓰세요.

1. feast **2.** hunt **3.** starve
4. worship **5.** show **6.** step off

Ⓑ 그림을 보고 알맞은 단어에 동그라미 하세요.

1. 여기서 먹으면 안 됩니다. [ⓑ]
2. 그들은 추수감사절을 기념하고 있습니다. [ⓑ]
3. 그녀는 신앙심이 매우 깊습니다. [ⓑ]
4. 그들은 추수감사절에 특별한 요리를 먹습니다. [ⓐ]

Unit 11

Ⓐ 그림에 알맞은 단어를 골라 쓰세요.

1. pyramid **2.** jungle **3.** priest
4. step **5.** language **6.** build

Ⓑ 그림을 보고 알맞은 단어에 동그라미 하세요.

1. 사람들이 피라미드를 오르고 있습니다. [ⓑ]
2. 그 남자는 그의 신에게 예배를 드리고 있습니다. [ⓑ]
3. 좌석들 사이에 계단이 있습니다. [ⓐ]
4. 대학에서 그녀는 건축학을 공부했습니다. [ⓐ]

Unit 12

Ⓐ 그림에 알맞은 단어를 골라 쓰세요.

1. warrior **2.** fierce **3.** please
4. conquer **5.** empire **6.** appear

Ⓑ 그림을 보고 알맞은 단어에 동그라미 하세요.

1. 그 왕이 그 땅을 다스렸습니다. [ⓐ]
2. 그 섬이 그 나라의 수도입니다. [ⓐ]
3. 그녀는 내가 야채를 먹도록 강요했습니다. [ⓐ]
4. 그녀는 나의 친척들 중 한 명입니다. [ⓑ]

Unit 13

Ⓐ 그림에 알맞은 단어를 골라 쓰세요.

1. palace **2.** amaze **3.** ball
4. try on **5.** search **6.** invite

Ⓑ 그림을 보고 알맞은 단어에 동그라미 하세요.

1. 그 신발은 그녀에게 딱 맞았습니다. [ⓑ]
2. 사람들이 무도회에서 춤을 추고 있습니다. [ⓐ]
3. 마차는 말이 끄는 차량입니다. [ⓐ]
4. 그들은 동물에게 잔인합니다. [ⓐ]

Unit 14

Ⓐ 그림에 알맞은 단어를 골라 쓰세요.

1. cottage **2.** dwarf **3.** woods
4. coffin **5.** disguise **6.** fair

Ⓑ 그림을 보고 알맞은 단어에 동그라미 하세요.

1. 그 왕비는 그녀에게 독이 든 사과를 주었습니다. [ⓐ]

2. 한 입 먹지 않을래요? [ⓐ]

3. 그가 아직 살아 있어서 다행입니다. [ⓑ]

4. 저 거울은 깨졌습니다. [ⓐ]

Unit 15

Ⓐ 그림에 알맞은 단어를 골라 쓰세요.

1. percussion **2.** wind **3.** brass

4. strings **5.** conductor **6.** coach

Ⓑ 그림을 보고 알맞은 단어에 동그라미 하세요.

1. 그는 오케스트라를 지휘하고 있습니다. [ⓑ]

2. 그들은 그 선생님에게 존경을 표했습니다. [ⓐ]

3. 그녀는 반 앞에 섰습니다. [ⓑ]

4. 그는 훌륭한 음악가입니다. [ⓐ]

Unit 16

Ⓐ 그림에 알맞은 단어를 골라 쓰세요.

1. divide **2.** write **3.** composer

4. famous **5.** special **6.** symphony

Ⓑ 그림을 보고 알맞은 단어에 동그라미 하세요.

1. 관현악단은 주로 클래식 음악을 연주합니다. [ⓐ]

2. 베토벤은 훌륭한 작곡가였습니다. [ⓑ]

3. 이 접시는 네 부분으로 나뉘어져 있습니다. [ⓐ]

4. 선택할 수 있는 두 개의 다른 길이 있습니다. [ⓐ]

Unit 17

Ⓐ 그림에 알맞은 단어를 골라 쓰세요.

1. roll **2.** wheel **3.** marble

4. different **5.** triangle **6.** oval

Ⓑ 그림을 보고 알맞은 단어에 동그라미 하세요.

1. 굉장히 많은 모양들이 있습니다. [ⓑ]

2. 정사각형은 네 개의 동일한 면을 가지고 있습니다. [ⓑ]

3. 어느 방향이 북쪽입니까? [ⓑ]

4. 이 도로는 저 도로와 합류합니다. [ⓐ]

Unit 18

Ⓐ 그림에 알맞은 단어를 골라 쓰세요.

1. paint **2.** shelf **3.** expression

4. camera **5.** portrait **6.** fascinate

Ⓑ 그림을 보고 알맞은 단어에 동그라미 하세요.

1. 그 소녀는 그림을 그리고 있습니다. [ⓐ]

2. 사람들은 그녀의 표정에 매료되었습니다. [ⓐ]

3. 이 초상화는 카메라로 찍었습니다. [ⓑ]

4. 이 사람에 대해서 무엇을 알 수 있습니까? [ⓐ]

Unit 19

Ⓐ 그림에 알맞은 단어를 골라 쓰세요.

1. noon **2.** between **3.** hour hand

4. clock **5.** watch **6.** minute hand

Ⓑ 그림을 보고 알맞은 단어에 동그라미 하세요.

1. 8시 정각입니다. [ⓑ]

2. 현재 5시 30분입니다. [ⓐ]

3. 분침이 2에 있습니다. [ⓐ]

4. 몇 시입니까? [ⓐ]

Unit 20

Ⓐ 그림에 알맞은 단어를 골라 쓰세요.

1. currency **2.** metal **3.** practice

4. coins **5.** adding **6.** subtracting

Ⓑ 그림을 보고 알맞은 단어에 동그라미 하세요.

1. 2쿼터는 50센트의 가치가 있습니다. [ⓑ]

2. 바닥에 1쿼터가 있습니다. [ⓐ]

3. 돈을 셀 수 있습니까? [ⓐ]

4. 이것들은 얼마의 가치가 있습니까? [ⓑ]

미국교과서 리딩 READING

LEVEL 4 ②

Answer Key

p.14

| 본문 해석 | **육지 서식지**

동물들은 다양한 장소에서 삽니다. 동물들이 사는 곳이 서식지입니다. 서식지는 또한 생태계라고 불립니다.

육지 서식지 중 한 종류는 초원입니다. 초원은 주로 풀이 있는 땅입니다. 야생풀이 있고 나무가 조금 있습니다. 초원에는 생쥐, 들쥐, 뱀, 매, 독수리, 얼룩말, 사자, 기린, 코끼리를 포함하는 많은 동물들이 삽니다.

또 다른 종류의 육지 서식지는 숲입니다. 숲은 많은 나무가 있는 지대입니다. 많은 동물들이 살아가고 생존하기 위해 숲이 필요합니다. 숲에는 또한 사슴, 곰, 미국너구리, 여우, 다람쥐, 뱀, 독수리, 딱따구리를 포함하는 많은 동물들이 살고 있습니다.

| 정답 |

Comprehension Checkup Ⓐ **1.** b **2.** c **3.** b **4.** b Ⓑ **1.** T **2.** T

Vocabulary Focus Ⓐ **1.** c **2.** d **3.** a **4.** b

Ⓑ **1.** contains **2.** a few **3.** habitat **4.** survive

Grammar Focus **1.** a grassland **2.** a forest **3.** an area of land

Summary habitat / land / contains / a few / survive

| 삽화 말풍선 문장 | p.14

① 초원은 많은 동물들의 서식지야.

② 숲은 많은 나무가 있는 지대야.

| **Vocabulary** | p.15

- habitat 명 서식지
- ecosystem 명 생태계
- grassland 명 초원, 목초지
- land 명 땅, 육지, 지대
- contain 동 ~이 들어 있다
- wild 형 야생의
- hawk 명 매
- zebra 명 얼룩말
- survive 동 살아남다, 생존하다
- woodpecker 명 딱따구리

| **Reading Focus** | p.15

- 어떤 동물이 초원에 사나요?
- 어떤 동물이 숲에 사나요?

| 본문 그림 자료 | p.16

- Animals in the grasslands 초원의 동물
- Animals in the forests 숲속의 동물

| 문제 정답 및 해석 | p.17

Comprehension Checkup

Ⓐ **가장 알맞은 답을 고르세요.**

1. 본문은 주로 무엇에 관한 글입니까? [b]

　　a. 많은 동물을 위한 숲

　　b. 동물과 육지 서식지

　　c. 숲으로 변해 가는 초원

2. 서식지의 또 다른 이름은 무엇입니까? [c]

　　a. 숲

　　b. 초원

　　c. 생태계

3. 초원에 관해 어느 것이 사실이 아닙니까? [b]
- **a.** 나무가 많지 않습니다.
- **b.** 큰 동물들은 그곳에 살지 않습니다.
- **c.** 주로 풀로 덮여 있습니다.

4. 숲은 무엇입니까? [b]
- **a.** 풀이 많은 육지 지역
- **b.** 나무가 많은 육지 지역
- **c.** 물이 많은 육지 지역

B 맞는 문장은 T를, 맞지 않는 문장은 F를 고르세요.

1. 서식지는 동물이 사는 곳입니다. [T]
2. 미국너구리와 다람쥐는 숲속에 삽니다. [T]

Vocabulary Focus

A 다음 단어를 알맞은 뜻과 연결하세요.

1. 들어 있다 ---- **c.** 포함하거나 갖고 있다
2. 야생의 ---- **d.** 자연적인 상태로 살고 있는
3. 얼룩말 ---- **a.** 온몸에 검은색과 흰색의 줄이 있는 동물
4. 땅, 육지 ---- **b.** 흙[땅]이 있는 지역

B 다음 빈칸에 알맞은 단어를 고르세요.

조금, 약간 / 서식지 / 들어 있다 / 생존하다

1. 초원은 주로 풀이 있는 지역입니다. [contains]
2. 초원에는 야생풀이 있고 나무가 조금 있습니다. [a few]
3. 서식지는 또한 생태계라고 불립니다. [habitat]
4. 많은 동물들이 살고 생존하기 위해 숲이 필요합니다.

[survive]

Grammar Focus

주어를 보충해 주는 보어

She is a cook.(그녀는 요리사이다.)처럼 주어인 she가 누구인지 보충 설명을 해 줄 때 〈주어 + be동사 + 명사〉의 형태로 씁니다. 이때 be동사 다음에 온 명사는 앞의 주어를 보충 설명해 주는 역할을 하기 때문에 보어라고 합니다. 따라서 a cook이 보어입니다.

문장을 읽고 보어에 동그라미 하세요.

1. 육지 서식지 중 한 종류는 초원입니다. [a grassland]
2. 또 다른 종류의 육지 서식지는 숲입니다. [a forest]
3. 초원은 땅의 한 구역입니다. [an area of land]

Summary

본문을 요약하기 위해 빈칸에 알맞은 단어를 골라 채우세요.

생존하다 / 조금, 약간 / 육지 / 서식지 / 들어 있다

An animal lives in a habitat. A grassland is a land habitat and mostly contains grasses with a few trees. A forest, another land habitat, has many trees. Many animals need forests to live and to survive.

동물은 서식지에서 삽니다. 초원은 육지 서식지인데, 나무가 조금 있고 주로 풀이 있습니다. 또 다른 육지 서식지인 숲에는 나무가 많이 있습니다. 많은 동물이 살고 생존하기 위해 숲이 필요합니다.

| 본문 해석 | 수생 서식지

동물들과 식물들을 위한 수생 서식지가 있습니다.

호수는 수생 서식지의 한 유형입니다. 그것은 육지에 둘러싸인 넓은 물 구역입니다. 대부분의 호수에는 민물이 들어 있습니다. 식물과 동물은 호수에서 함께 삽니다. 식물은 물속과 물 주변에서 자랍니다. 동물은 식물을 먹이나 주거지로 이용합니다. 비버는 안전하게 살 장소를 마련하기 위해 나무를 사용해 댐을 만듭니다.

또 다른 유형의 수생 서식지는 바다입니다. 바다는 매우 크고 깊은 소금물입니다. 많은 포유류, 어류, 그리고 식물이 바다 속에 삽니다. 상어와 같은 동물은 바다에 있는 물고기를 먹습니다. 다른 바다 동물들은 식물을 먹습니다.

| 정답 |

Comprehension Checkup Ⓐ **1.** a **2.** b **3.** c **4.** a Ⓑ **1.** F **2.** T

Vocabulary Focus Ⓐ **1.** c **2.** a **3.** d **4.** b

　　　　　　　　　　Ⓑ **1.** land **2.** shelter **3.** fresh **4.** oceans

Grammar Focus **1.** with **2.** in **3.** of

Summary habitats / salty / plants / shelter / oceans

| 삽화 말풍선 문장 | p.20

① 호수는 육지로 둘러싸인 넓은 물 구역이야.

② 많은 포유류, 어류, 그리고 식물이 바다에 살아.

| **Vocabulary** | p.21

· lake 몡 호수
· around 젠 ~의 주위에
· fresh 혱 민물의
· shelter 몡 주거지, 은신처
· beaver 몡 비버
· dam 몡 댐
· safe 혱 안전한
· ocean 몡 대양, 바다
· mammal 몡 포유동물

| **Reading Focus** | p.21

· 동물은 무엇을 위해 식물을 사용하나요?
· 바다는 무엇인가요?

| 문제 정답 및 해석 | p.23

Comprehension Checkup

Ⓐ 가장 알맞은 답을 고르세요.

1. 본문은 주로 무엇에 관한 글입니까? 　　　　[a]
　　a. 물속의 식물과 동물
　　b. 민물과 소금물
　　c. 바다로 변해 가는 호수

2. 민물은 대개 어느 것입니까? 　　　　[b]
　　a. 바다
　　b. 호수
　　c. 바다와 호수

3. 비버는 왜 나무가 필요합니까? 　　　　[c]
　　a. 나무를 가지고 놀기 위해
　　b. 나무로 먹이를 숨기기 위해
　　c. 나무로 댐을 짓기 위해

4. 본문에서 무엇을 추론할 수 있습니까?　　　　　[a]

　　a. 식물은 동물이 생존할 수 있도록 도와줍니다.

　　b. 식물은 소금물에서 자랄 수 없습니다.

　　c. 식물은 동물을 위한 유일한 먹이입니다.

B 맞는 문장은 T를, 맞지 않는 문장은 F를 고르세요.

1. 대부분의 호수의 물은 짠맛이 납니다.　　　　[F]

2. 호수의 몇몇 동물은 생존하기 위해 식물을 먹습니다.　　[T]

Vocabulary Focus

A 다음 단어를 알맞은 뜻과 연결하세요.

1. 주거지 ---- **c.** 살거나 보호받는 장소

2. 댐 ---- **a.** 물을 막기 위해 지어진 벽

3. ~의 주위에 ---- **d.** 어떤 장소나 사람을 둘러싼

4. 비버 ---- **b.** 두꺼운 털과 넓고 납작한 꼬리를 가진 동물

B 다음 빈칸에 알맞은 단어를 고르세요.

주거지 / 민물의 / 육지 / 바다

1. 호수는 육지에 둘러싸인 넓은 물 구역입니다.　　[land]

2. 호수에 있는 동물은 먹이와 주거지를 위해 식물을 사용합니다.

　　　　　　　　　　　　　　　　　　　[shelter]

3. 대부분의 호수에는 민물이 들어 있습니다.　　[fresh]

4. 많은 포유류와 어류, 그리고 식물이 바다 속에 삽니다.

　　　　　　　　　　　　　　　　　　　[oceans]

Grammar Focus

전치사 for, with, of, around, in

전치사의 의미나 쓰임이 다양하므로 잘 알아 두어야 합니다. 문장의 이해는 물론이고 내 생각을 표현할 때에도 아주 중요한 역할을 하기 때문입니다.

for: ~을 위하여

with: ~을 가진 상태로

of: ~의

around: ~의 주위에

in: ~의 안에

알맞은 단어를 고르세요.

1. 호수는 육지에 둘러싸인 넓은 물 구역입니다.　　[with]

2. 식물과 동물은 호수에서 함께 삽니다.　　　　[in]

3. 바다는 매우 크고 깊은 소금물입니다.　　　　[of]

Summary

본문을 요약하기 위해 빈칸에 알맞은 단어를 골라 채우세요.

식물 / 서식지 / 주거지 / 바다 / 소금이 든

A lake and an ocean are water habitats. Most lake water is fresh, but ocean water is salty. Plants and animals live in lakes and oceans. Animals in lakes use plants for food and shelter. And animals in oceans eat fish or plants.

호수와 바다는 수생 서식지입니다. 대부분의 호수 물은 민물이지만, 바닷물은 소금기가 있습니다. 식물과 동물이 호수와 바다에 삽니다. 호수에 있는 동물은 먹이와 주거지를 위해 식물을 이용합니다. 그리고 바다에 있는 동물은 물고기나 식물을 먹습니다.

p.26

| 본문 해석 | **지구의 모습**

지구는 육지와 물로 구성되어 있습니다. 지구 표면의 대부분은 물로 덮여 있습니다. 지구의 단단한 부분은 육지입니다. 육지는 돌, 모래, 먼지, 그리고 다른 물질로 덮여 있을 수 있습니다.

지구상의 대부분의 물은 염분이 있는 바다에 있습니다. 민물은 염분이 없는 물입니다. 시내, 강, 그리고 호수는 주로 민물로 이루어져 있습니다. 시내는 호수나 바다로 흘러 들어갈 수 있는 강으로 흘러 들어갑니다.

지구상의 모든 육지가 똑같아 보이지는 않습니다. 어떤 육지는 높습니다. 어떤 육지는 낮고, 또 어떤 육지는 평평합니다. 산은 가장 높은 유형의 육지입니다. 산들은 온갖 모양과 크기로 있습니다. 계곡은 산들 사이에 있는 저지대입니다.

| 정답 |

Comprehension Checkup **A** **1.** b **2.** b **3.** c **4.** c **B** **1.** F **2.** T

Vocabulary Focus **A** **1.** b **2.** a **3.** d **4.** c

B **1.** surface **2.** valley **3.** substances **4.** shapes

Grammar Focus **1.** made **2.** covered **3.** made

Summary made / covered / salty / flat / valley

| 삽화 말풍선 문장 | p.26

① 지구는 육지와 물로 구성되어 있어.

② 시내는 강으로 흘러 들어가고, 그리고 강은 바다로 흘러갈 수 있어.

| **Vocabulary** | p.27

• earth 명 지구

• surface 명 표면

• solid 형 고체의, 단단한

• substance 명 물질

• salt 명 소금, 염분

• stream 명 시내, 개울

• flow 동 흐르다

• flat 형 평평한, 평편한

• valley 명 계곡

| **Reading Focus** | p.27

• 지구는 대부분 무엇으로 덮여 있나요?

• 산은 무엇인가요?

| 본문 그림 자료 | p.28

• Water 물

• stream 개울   • lake 호수   • ocean 바다

• Land 육지

• desert 사막   • flat land 평지   • valley 계곡

| 문제 정답 및 해석 | p.29

Comprehension Checkup

A 가장 알맞은 답을 고르세요.

1. 본문은 주로 무엇에 관한 글입니까?   [b]

  a. 다양한 모양의 땅

  b. 지구의 표면

  c. 지구상의 물의 유형

2. 지구 표면의 대부분을 무엇이 덮고 있습니까?   [b]

  a. 눈   **b.** 물   **c.** 육지

3. 산에 관해 어느 것이 사실이 아닙니까? [c]

   a. 가장 높은 유형의 육지입니다.

   b. 산들 사이에 계곡이 있습니다.

   c. 크기와 모양이 비슷합니다.

4. 본문에서 무엇을 추론할 수 있습니까? [c]

   a. 육지는 비슷한 것들로 덮여 있습니다.

   b. 모든 유형의 물은 바다로 흘러 들어갑니다.

   c. 지구는 대부분 소금물로 덮여 있습니다.

B 맞는 문장은 T를, 맞지 않는 문장은 F를 고르세요.

1. 지구는 주로 육지로 되어 있습니다. [F]

2. 물은 민물과 소금물로 나뉠 수 있습니다. [T]

Vocabulary Focus

A 다음 단어를 알맞은 뜻과 연결하세요.

1. 단단한 - - - - **b.** 딱딱하거나 견고한

2. 시내, 개울 - - - - **a.** 땅을 가로질러 움직이는 물의 자연적인 흐름

3. 흐르다 - - - - **d.** 꾸준히 연속적인 흐름으로 움직이다

4. 평평한 - - - - **c.** 솟아오르거나 움푹 파인 지역이 없이 완만하고 고른

B 다음 빈칸에 알맞은 단어를 고르세요.

물질 / 모양 / 표면 / 계곡

1. 지구 표면의 대부분은 물로 덮여 있습니다. [surface]

2. 계곡은 산들 사이에 있는 저지대입니다. [valley]

3. 그것은 돌, 모래, 먼지, 그리고 다른 물질로 덮여 있을 수 있습니다. [substances]

4. 산은 온갖 모양과 크기로 있습니다. [shapes]

Grammar Focus

수동태

be동사 + 과거분사 (+ by + 행위자)

수동태는 주어가 자기 스스로 어떤 환경을 만든 게 아니라 외부의 힘에 의해 어떤 상태에 놓이게 되었을 때 사용합니다. 즉 주어가 행동의 영향을 받을 때 씁니다. 수동태는 〈be동사 + 과거분사〉의 형태로 씁니다. 그리고 행위자가 일반적인 사람이거나 확실하지 않은 경우에는 동사 뒤에 있는 〈by + 행위자〉를 생략하는 경우가 많습니다.

알맞은 단어를 고르세요.

1. 지구는 육지와 물로 구성되어 있습니다. [made]

2. 지구 표면의 대부분은 물로 덮여 있습니다. [covered]

3. 시내, 강, 그리고 호수는 주로 민물로 이루어져 있습니다. [made]

Summary

본문을 요약하기 위해 빈칸에 알맞은 단어를 골라 채우세요.

평평한 / 구성된 / 계곡 / 소금기가 있는 / 뒤덮인

Earth is made up of land and water. Most of the earth's surface is covered with water. Streams, rivers, lakes and oceans are water. Ocean water is salty. Land has various shapes: high, low and flat. The shapes and sizes of mountains are different, and a valley is low land between mountains.

지구는 육지와 물로 구성되어 있습니다. 지구 표면의 대부분은 물로 덮여 있습니다. 시내, 강, 호수, 그리고 바다가 물입니다. 바닷물은 소금기가 있습니다. 육지는 다양한 모양으로, 높고, 낮고, 평평한 모양입니다. 산의 모양과 크기는 다르며, 계곡은 산들 사이에 있는 저지대입니다.

p.32

| 본문 해석 | **암석과 토양**

(지각을 구성하는) 암석 또는 돌은 광물로 이루어진 자연적으로 발생한 고체입니다. 광물은 지구 속에서 자연적으로 형성된 무생물입니다. 암석에 있는 광물들은 다양합니다. 그것들이 다양한 종류의 암석을 만듭니다.

대부분의 암석은 토양이나 바다와 호수 같은 물 밑에 있습니다.

토양은 식물이 자라는 지구의 상위층입니다. 토양은 암석, 광물 입자, 유기물(죽은 것과 생물), 물, 그리고 공기의 혼합물입니다. 토양은 지구의 생태계에 중요합니다. 기후는 토양을 생성하는 데 중요한 역할을 합니다. 다양한 기후에서 만들어진 토양은 다양한 특성을 띨 수 있고 다양한 종류의 식물이 자라게 할 수 있습니다.

| 정답 |

Comprehension Checkup A **1.** a **2.** c **3.** c **4.** c B **1.** T **2.** F

Vocabulary Focus A **1.** b **2.** c **3.** d **4.** a

B **1.** vary **2.** qualities **3.** ecosystems **4.** Climate

Grammar Focus **1.** vary **2.** grow **3.** plays

Summary minerals / vary / Soil / organic / Climate

| **삽화 말풍선 문장** | p.32

① 광물은 지구 속에서 자연적으로 형성된 무생물이야.

② 토양은 식물이 자라는 지구의 상위층이야.

| **Vocabulary** | p.33

• rock 명 암석, 바위

• mineral 명 광물, 무기물

• form 동 형성하다

• vary 동 다양하다

• beneath 전 ~의 밑에

• layer 명 층

• combination 명 혼합물, 결합

• organic 형 유기의, 유기체에서 나온

• climate 명 기후

• quality 명 특성, 품질

| **Reading Focus** | p.33

• 암석은 무엇으로 이루어져 있나요?

• 토양은 무엇으로 이루어져 있나요?

| **문제 정답 및 해석** | p.35

Comprehension Checkup

A 가장 알맞은 답을 고르세요.

1. 본문은 주로 무엇에 관한 글입니까? [a]
   a. 암석과 토양의 형성
   b. 지구상의 다양한 유형의 암석
   c. 토양을 형성하는 기후의 역할

2. 토양의 형성에 무엇이 중요합니까? [c]
   a. 식물
   b. 바다
   c. 날씨

3. 토양은 무엇입니까? [c]
   a. 단단한 물체 또는 물질
   b. 땅의 가장 낮은 층
   c. 땅의 상위층

4. 본문에서 무엇을 추론할 수 있습니까?　　　　[c]

  a. 식물은 토양의 질을 결정합니다.

  b. 토양은 천천히 광물로 형성됩니다.

  c. 토양은 많은 것들로 이루어져 있습니다.

B 맞는 문장은 T를, 맞지 않는 문장은 F를 고르세요.

1. 대부분의 암석은 토양이나 물로 덮여 있습니다.　　[T]

2. 광물들은 자연적으로 형성된 생물입니다.　　　[F]

Vocabulary Focus

A 다음 단어를 알맞은 뜻과 연결하세요.

1. 특성 ---- **b.** 어떤 사람 또는 어떤 것이 가진 특색

2. 층 ---- **c.** 표면을 덮는 물질

3. ~의 밑에 ---- **d.** 어떤 것보다 더 낮은 위치에

4. 혼합물, 결합 ---- **a.** 함께 존재하는 두 개 이상의 다른 것

B 다음 빈칸에 알맞은 단어를 고르세요.

생태계 / 특성 / 다양하다 / 기후

1. 암석 안의 광물은 다양합니다.　　　　[vary]

2. 다양한 기후에서 만들어진 토양은 다양한 특성을 띨 수 있습니다.　　　　[qualities]

3. 토양은 지구의 생태계에 중요합니다.　　[ecosystems]

4. 토양을 생성하는 데 기후가 중요한 역할을 합니다. [Climate]

Grammar Focus

현재 시제의 동사 형태

복수 주어 + 동사원형

단수 주어 + [동사원형 + -(e)s]

일반동사가 쓰이는 현재 시제의 문장에서 주어가 복수일 때 동사는 동사원형을 그대로 씁니다. 그리고 주어가 3인칭 단수일 때는 동사에 -(e)s를 붙이거나, 동사 철자의 끝이 〈자음 + -y〉일 때는 y를 i로 바꾸고 -es를 붙입니다.

알맞은 단어를 고르세요.

1. 암석에 있는 광물들은 다양합니다.　　　[vary]

2. 토양은 식물이 자라는 지구의 상위층입니다.　[grow]

3. 기후는 토양을 생성하는 데 중요한 역할을 합니다.　[plays]

Summary

본문을 요약하기 위해 빈칸에 알맞은 단어를 골라 채우세요.

토양 / 다양하다 / 기후 / 유기의 / 광물

Rock or stone is made up of minerals. The minerals in rocks vary, which leads to the formation of different kinds of rocks. Soil is made from rock, mineral fragments, organic matter, water, and air. Climate is important in the formation of soil.

암석이나 돌은 광물로 이루어져 있습니다. 암석 안의 광물은 다양하고, 이것은 다양한 종류의 암석을 형성하게 합니다. 토양은 암석, 광물 입자, 유기물, 물, 그리고 공기로 만들어집니다. 기후는 토양의 생성에 중요합니다.

p.38

| 본문 해석 | 육지의 변화

물은 암석의 모양과 크기를 변화시킬 수 있습니다. 이것을 풍화(작용)라고 합니다. 암석에 틈이 생기면, 물이 그 틈으로 들어갑니다. 겨울에 물이 얼어 암석을 갈라지게 할 수 있습니다. 그 후 틈이 점점 더 커지고 결국에는 암석이 쪼개지게 합니다.

식물 또한 암석 틈에서 자라면서 암석을 부술 수 있습니다. 때로는 식물의 뿌리가 자라서 암석을 밀어냅니다.

육지는 풍화와 침식으로 인해 서서히 변화할 수 있습니다. 침식은 암석과 토양이 바람이나 물에 의해 씻기거나 날리는 것입니다. 식물은 침식을 예방할 수 있습니다. 식물의 뿌리는 토양이 제자리에 있도록 잡아 주기 때문에 바람과 물이 그것을 이동시키지 못합니다.

| 정답 |

Comprehension Checkup Ⓐ **1.** c **2.** b **3.** b **4.** b Ⓑ **1.** T **2.** T

Vocabulary Focus Ⓐ **1.** d **2.** a **3.** c **4.** b

Ⓑ **1.** cracks **2.** end up **3.** weathering **4.** prevent

Grammar Focus **1.** can **2.** can **3.** can

Summary erosion / sizes / wind / prevent / place

| 삽화 말풍선 문장 | p.38

① 물은 암석의 모양과 크기를 변화시킬 수 있어.

② 식물은 암석 틈에서 자랄 수 있어.

| Vocabulary | p.39

• weathering 명 풍화 (작용)

• crack 명 (갈라진) 틈

• freeze 동 얼다

• end up 결국에는 ~하게 되다

• break apart 쪼개다

• due to ~ 때문에

• erosion 명 침식, 부식

• blow 동 날려 보내다

• soil 명 토양, 흙

• prevent 동 예방하다, 막다

| Reading Focus | p.39

• 식물이 어떻게 암석을 부술 수 있나요?

• 무엇이 땅을 변화시킬 수 있나요?

| 문제 정답 및 해석 | p.41

Comprehension Checkup

Ⓐ 가장 알맞은 답을 고르세요.

1. 본문은 주로 무엇에 관한 글입니까? [c]

a. 암석과 식물

b. 침식 예방

c. 풍화와 침식

2. 풍화는 무엇입니까? [b]

a. 날씨를 변화시키는 것

b. 암석을 부수는 것

c. 새로운 계절로 가는 것

3. 풍화와 침식은 육지에 무엇을 할 수 있습니까? [b]

a. 육지를 보존할 수 있습니다.

b. 육지를 변화시킬 수 있습니다.

c. 육지를 얼릴 수 있습니다.

4. 본문에서 무엇을 추론할 수 있습니까? [b]

  a. 우리는 풍화를 막을 수 있습니다.

  b. 암석은 서서히 흙으로 변할 수 있습니다.

  c. 물은 암석이 함께 붙어 있도록 도와줍니다.

B 맞는 문장은 T를, 맞지 않는 문장은 F를 고르세요.

1. 바람은 암석과 토양을 날려 버릴 수 있습니다. [T]

2. 식물은 암석을 부술 수 있습니다. [T]

Vocabulary Focus

A 다음 단어를 알맞은 뜻과 연결하세요.

1. (갈라진) 틈 - - - - **d.** 어떤 것이 깨졌을 때 형성되는 얇은 선

2. 얼다 - - - - **a.** 추위로 단단해져 얼음이 되다

3. 토양 - - - - **c.** 식물이 자라는 지구의 상위층

4. 날려 보내다 - - - - **b.** 바람의 힘으로 어떤 것을 이동시키다

B 다음 빈칸에 알맞은 단어를 고르세요.

풍화 / (갈라진) 틈 / 결국에는 ~하게 되다 / 예방하다

1. 암석에 틈이 있을 때, 물이 그 틈 속으로 들어갑니다. [cracks]

2. 틈이 점점 커지고 결국에는 암석이 쪼개지게 합니다. [end up]

3. 육지는 풍화와 침식으로 인해 서서히 변화할 수 있습니다.

                                                 [weathering]

4. 식물은 침식을 예방할 수 있습니다. [prevent]

Grammar Focus

가능성을 나타내는 조동사 can

can + 동사원형: ~할 수 있다(능력, 가능성)

조동사의 의미 이해는 대단히 중요합니다. 조동사는 동사 바로 앞에 쓰이며, 동사는 항상 원형을 써야 합니다. 조동사 can은 '~할 수 있다'는 의미로 능력이나 가능성을 나타냅니다. 다음 조동사들의 의미도 알아 두세요.

must: ~을 반드시 해야 하다 (의무)

should: ~을 하는 게 좋다 (충고)

have to: ~을 해야 하다 (필요성, 의무)

알맞은 단어를 고르세요.

1. 물은 암석의 모양과 크기를 변화시킬 수 있습니다. [can]

2. 겨울에 물이 얼어 암석이 갈라지게 합니다. [can]

3. 식물은 침식을 방지할 수 있습니다. [can]

Summary

본문을 요약하기 위해 빈칸에 알맞은 단어를 골라 채우세요.

크기 / 장소, 자리 / 바람 / 예방하다 / 침식

Weathering and erosion change the shapes and sizes of rocks and land. Water, plants, and wind play roles in changing them. However, plants can also prevent erosion by holding soil in place.

풍화와 침식은 암석과 육지의 모양과 크기를 변화시킵니다. 물, 식물, 그리고 바람은 그것들을 변화시키는 데에 역할을 합니다. 하지만, 식물도 토양을 제자리에 잡아 줌으로써 침식을 예방할 수 있습니다.

Earth's Resources

p.44

| 본문 해석 | **지구의 자원**

지구에서 나오는 것들을 천연자원이라고 합니다. 사람들은 천연자원을 만들지 못하지만 지구에서 얻습니다. 그래서 우리는 우리의 모든 천연자원을 다 써 버리지 않도록 주의해야 합니다. 흙은 천연자원입니다. 식물은 흙에서 자랍니다. 사람과 동물은 이런 식물을 식량으로 사용할 수 있습니다. 물과 공기는 중요한 천연자원입니다. 모든 생명체는 살아가는 데 물과 공기가 필요합니다.

오염은 육지, 물, 또는 공기에 손상이나 문제를 일으키는 것입니다. 오염은 쓰레기 또는 화학물질이 땅, 물, 또는 공기 중으로 들어갈 때 발생합니다. 사람과 기타 생물은 깨끗한 물, 공기 또는 흙이 없으면 병들 수 있습니다.

| 정답 |

Comprehension Checkup **A** **1.** a **2.** a **3.** b **4.** b **B** **1.** T **2.** T

Vocabulary Focus **A** **1.** c **2.** a **3.** b **4.** d

　　　　　　　　　　　　B **1.** careful **2.** Pollution **3.** natural **4.** sick

Grammar Focus **1.** when **2.** When **3.** when

Summary careful / resources / Pollution / problems / chemicals

| 삽화 말풍선 문장 | p.44

① 천연자원은 지구에서 나와.

② 오염은 쓰레기 또는 화학물질이 땅, 물 또는 공기 중으로 들어
　갈 때 발생해.

| Vocabulary | p.45

• natural resource 천연자원

• careful 형 주의하는, 조심하는

• use up 다 써 버리다

• pollution 명 오염

• cause 동 일으키다, 야기하다

• damage 명 손상

• trash 명 쓰레기

• chemical 명 화학물질

| Reading Focus | p.45

• 천연자원은 어떤 것들인가요?

• 오염은 무엇을 일으킬 수 있나요?

| 본문 그림 자료 | p.46

• Important natural resources 중요한 천연자원

| 문제 정답 및 해석 | p.47

Comprehension Checkup

A 가장 알맞은 답을 고르세요.

1. 본문은 주로 무엇에 관한 글입니까?　　　　　　　[a]

　a. 천연자원과 오염

　b. 자원을 얻는 방법

　c. 자연에 손상을 유발하는 오염

2. 천연자원에 관해 어느 것이 사실이 아닙니까?　　　[a]

　a. 우리는 천연자원 없이 살 수 있습니다.

　b. 우리는 천연자원을 지구에서 얻습니다.

　c. 우리는 천연자원을 다 써서는 안 됩니다.

3. 오염에 관해 어느 것이 사실입니까? [b]

    a. 그것은 토양을 손상시키지 않습니다.

    b. 그것은 자연에게 문제입니다.

    c. 그것은 자원으로 사용될 수 있습니다.

4. 본문에서 무엇을 추론할 수 있습니까? [b]

    a. 식물은 공기와 물을 오염시킵니다.

    b. 오염은 우리 삶을 손상시킬 수 있습니다.

    c. 천연자원은 구하기 어렵습니다.

B 맞는 문장은 T를, 맞지 않는 문장은 F를 고르세요.

1. 천연자원은 사람에 의해 만들어지는 것이 아닙니다. [T]

2. 건강한 흙은 사람과 동물에게 중요합니다. [T]

Vocabulary Focus

A 다음 단어를 알맞은 뜻과 연결하세요.

1. 자연의, 천연의 ---- **c.** 자연에 존재하는

2. 손상 ---- **a.** 무언가에 가해진 물리적인 피해

3. 쓰레기 ---- **b.** 버려진 것

4. 주의하는 ---- **d.** 어떤 것을 파손하거나 잘못된 일을 하지
            않기 위해 노력하는

B 다음 빈칸에 알맞은 단어를 고르세요.

오염 / 자연의 / 병든 / 주의하는

1. 우리는 우리의 천연자원을 다 써 버리지 않도록 <u>주의해야</u> 합니다.
     [careful]

2. <u>오염</u>은 육지, 물, 또는 공기에 손상을 일으킵니다. [Pollution]

3. 물과 공기는 중요한 <u>천연자원</u>입니다. [natural]

4. 생물은 깨끗한 물이나 공기가 없으면, <u>병들</u> 수 있습니다.
     [sick]

Grammar Focus

접속사 when

when + 주어 + 동사: ~할 때

when은 '~할 때'의 의미를 나타내는 접속사입니다. 접속사는 2개 이상의 (주어와 동사가 있는) 절을 하나로 연결해 주는 역할을 합니다.

알맞은 단어를 고르세요.

1. 오염은 쓰레기나 화학물질이 땅속으로 들어갈 때 발생합니다.
     [when]

2. 사람과 기타 생물은 깨끗한 물, 공기 또는 흙이 없으면 병들 수 있습니다.
     [When]

3. 나는 축구할 때 안경을 쓰지 않습니다. [when]

Summary

본문을 요약하기 위해 빈칸에 알맞은 단어를 골라 채우세요.

자원 / 화학물질 / 주의하는 / 오염 / 문제

Natural resources that come from Earth can be used up, so we have to be careful. Soil, water, and air are natural resources that we need to live. Pollution causes damage or problems to land, water, or air. We must not let trash or chemicals get into the ground, water, or air.

지구로부터 나오는 천연자원은 다 써 버릴 수 있기 때문에, 우리는 <u>주의해야</u> 합니다. 흙, 물, 그리고 공기는 우리가 살기 위해 필요한 <u>천연자원</u>입니다. <u>오염</u>은 육지, 물, 또는 공기에 손상이나 <u>문제</u>를 일으킵니다. 우리는 쓰레기나 <u>화학물질</u>이 땅, 물, 또는 공기 중으로 들어가게 두어서는 안 됩니다.

p.50

| 정답 |

Review Vocabulary Test

Ⓐ **1.** trash / 쓰레기 **2.** crack / (갈라진) 틈 **3.** flow / 흐르다 **4.** beaver / 비버

Ⓑ **1.** shelter **2.** weathering **3.** Climate **4.** contains

Ⓒ

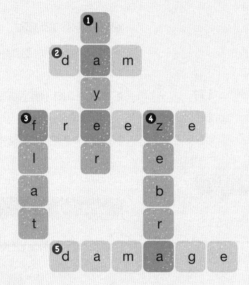

Review Grammar Test

Ⓐ **1.** made **2.** change **3.** when **4.** of

Ⓑ **1.** Plants and animals live together in lakes.

2. Most of the earth's surface is covered with water.

3. The minerals in rocks vary.

Review Vocabulary Test

A 알맞은 단어와 우리말 뜻을 쓰세요.

1. 버려진 것   [trash / 쓰레기]

2. 어떤 것이 깨졌을 때 형성되는 얇은 선 [crack / (갈라진) 틈]

3. 꾸준히 연속적인 흐름으로 움직이다   [flow / 흐르다]

4. 두꺼운 털과 넓고 납작한 꼬리를 가진 동물   [beaver / 비버]

B 다음 빈칸에 알맞은 단어를 고르세요.

들어 있다 / 기후 / 주거지 / 풍화

1. 호수에 있는 동물은 먹이와 <u>주거지</u>를 위해 식물을 사용합니다.
                                                    [shelter]

2. 육지는 <u>풍화</u>와 침식으로 인해 서서히 변화할 수 있습니다.
                                                 [weathering]

3. 토양을 형성하는 데 <u>기후</u>가 중요한 역할을 합니다. [Climate]

4. 초원은 주로 풀이 <u>있는</u> 지역입니다.   [contains]

C 크로스워드 퍼즐을 완성하세요.

가로

❷ 물을 막기 위해 지어진 벽   [dam]

❸ 추위로 단단해져 얼음이 되다   [freeze]

❺ 무언가에 가해진 물리적인 피해   [damage]

세로

❶ 표면을 덮는 물질   [layer]

❸ 솟아오르거나 움푹 파인 지역이 없이 완만하고 고른   [flat]

❹ 온몸에 검은색과 흰색의 줄이 있는 동물   [zebra]

Review Grammar Test

A 알맞은 단어를 고르세요.

1. 지구는 육지와 물로 구성되어 있습니다   [made]

2. 물은 암석의 모양과 크기를 변화시킬 수 있습니다. [change]

3. 오염은 쓰레기나 화학물질이 땅속으로 들어갈 때 발생합니다.
                                                    [when]

4. 바다는 매우 크고 깊은 소금물입니다.   [of]

B 밑줄 친 단어를 바르게 고친 다음 문장을 다시 쓰세요.

1. [Plants and animals live together in lakes.]
식물과 동물은 호수에서 함께 삽니다.

2. [Most of the earth's surface is covered with water.]
지구 표면의 대부분은 물로 덮여 있습니다.

3. [The minerals in rocks vary.]
암석에 있는 광물들은 다양합니다.

Trees and Paper

p.54

| 본문 해석 | **나무와 종이**

나무는 천연자원입니다. 나무는 종이 타월을 만드는 데 사용됩니다. 다음은 종이 타월을 만드는 방법입니다.

첫째, 농장에 나무가 심어집니다. 나무가 완전히 성장하면, 나무가 베어집니다. 그 다음 나무는 종이 공장으로 옮겨집니다. 공장에서 나무는 작은 나무 조각들로 잘게 잘립니다. 다른 물질들이 나무 조각들과 섞입니다. 그 다음 혼합물에 열이 가해져서 부드러워집니다. 이 부드러워진 나무 조각들은 펄프라고 합니다. 펄프를 하얗게 변하게 만들기 위해 표백제가 첨가됩니다. 다음으로, 펄프가 건조되고 긴 종이로 압착됩니다. 그 다음 종이가 돌돌 말려 잘립니다. 이것이 종이 타월입니다.

| 정답 |

Comprehension Checkup 🅐 **1.**a **2.**c **3.**c **4.**b 🅑 **1.**T **2.**F

Vocabulary Focus 🅐 **1.**b **2.**c **3.**d **4.**a

🅑 **1.**planted **2.**chopped **3.**pulp **4.**pressed

Grammar Focus **1.**turn **2.**say **3.**feel

Summary make / chopped / pulp / pressed / cut

| 삽화 말풍선 문장 | p.54

① 나무는 천연자원이야.

② 나무는 종이 타월을 만드는 데 사용돼.

| **Vocabulary** | p.55

- paper towel 종이 타월
- grown 형 성장한, 다 자란
- cut down 베어 내다
- factory 명 공장
- chop 동 잘게 자르다
- chip 명 조각, 부스러기
- pulp 명 펄프
- bleach 명 표백제
- sheet 명 얇은 종이, 납작한 판

| **Reading Focus** | p.55

- 펄프는 무엇인가요?
- 표백제는 무엇인가요?

| 본문 그림 자료 | p.56

- Process of making paper 종이 생산 과정
1. cutting trees 나무 베기
2. heating chips of wood to make pulp
   나무 조각을 가열하여 펄프 만들기
3. rolling and cutting long sheets 긴 종이를 말아 자르기

| 문제 정답 및 해석 | p.57

Comprehension Checkup

🅐 **가장 알맞은 답을 고르세요.**

1. 본문은 주로 무엇에 관한 글입니까? [a]

 a. 종이 타월을 만드는 방법

 b. 나무를 베는 방법

 c. 나무를 공장으로 운반하는 방법

2. 종이 타월은 무엇으로 만들어집니까? [c]

 a. 쓰레기 **b.** 표백제 **c.** 나무

3. 표백제는 무엇을 합니까? [c]

   a. 나무를 종이 공장으로 가져갑니다.

   b. 나무 조각을 부드럽게 만듭니다.

   c. 펄프를 하얗게 만듭니다.

4. 펄프는 무엇입니까? [b]

   a. 농장에서 자란 큰 나무

   b. 잘게 잘려 열이 가해진 부드러운 나무

   c. 나무를 하얗게 변하게 만드는 것

B 맞는 문장은 T를, 맞지 않는 문장은 F를 고르세요.

1. 종이 타월을 만드는 데는 많은 단계가 있습니다. [T]

2. 작은 나무 조각들은 단단하게 되도록 열이 가해집니다. [F]

Vocabulary Focus

A 다음 단어를 알맞은 뜻과 연결하세요.

1. 잘게 자르다 ---- **b.** 어떤 것을 더 작은 조각들로 자르다

2. 조각 ---- **c.** 나무, 돌, 금속 등의 작은 조각

3. 표백제 ---- **d.** 물건을 하얗게 만들기 위해 사용하는 화학
물질

4. 얇은 종이[조각] ---- **a.** 어떤 것의 얇고 납작한 조각

B 다음 빈칸에 알맞은 단어를 고르세요.

잘게 잘린 / 펄프 / 압착된 / 심어진

1. 나무들이 농장에 심어집니다. [planted]

2. 공장에서 나무는 작은 나무 조각들로 잘게 잘립니다.
[chopped]

3. 부드러운 나무 조각들은 펄프라고 불립니다. [pulp]

4. 펄프는 건조되고 긴 종이로 압착됩니다. [pressed]

Grammar Focus

사역동사 make

---

make + 목적어 + 동사원형: (목적어)로 하여금 …하게 만들다

사역동사 make는 '시키다'는 의미를 담고 있기 때문에 '~로 하여금 …하게 만들다'라는 의미로 쓰입니다. 〈make + 목적어 + 동사원형〉의 형태로 씁니다.

예를 들어, What makes you think so?를 직역하면 '무엇이 당신을 그렇게 생각하도록 만드는 겁니까?'인데, 이 문장 의미를 자연스러운 우리말로 나타내면 '무엇 때문에 그렇게 생각하는 겁니까?'가 됩니다.

알맞은 단어를 고르세요.

1. 표백제는 펄프를 하얗게 변하게 만듭니다. [turn]

2. 왜 그런 말을 하는 겁니까? [say]

3. 그것 때문에 나는 기분 좋습니다. [그것이 나로 하여금 기분이
좋도록 만들어 줍니다.] [feel]

Summary

본문을 요약하기 위해 빈칸에 알맞은 단어를 골라 채우세요.

압착된 / 잘린 / 잘게 잘린 / 만들다 / 펄프

This is how to make paper towels. Fully-grown trees are cut down and taken to a paper factory. At the factory, the trees are chopped into chips of wood and the chips are heated to become pulp. Then the pulp is bleached. After it is dried and pressed into long sheets, the sheets are rolled and cut into paper towels.

다음은 종이 타월을 만드는 방법입니다. 완전히 자란 나무는 베어서 종이 공장으로 옮겨집니다. 공장에서 나무는 나무 조각들로 잘게 잘리고 열을 받아 펄프가 됩니다. 그 다음 펄프는 표백됩니다. 펄프가 건조되어 긴 종이로 압착된 후, 그 종이는 돌돌 말려 종이 타월로 잘립니다.

p.60

| 본문 해석 | **기술**

기술은 상황을 더 빠르고, 더 쉽고, 그리고 더 좋게 만들기 위해 과학을 이용합니다. 새로운 기술은 사람들이 일하고 살아가는 방식을 바꾸어 놓습니다. 그 어느 때보다 더, 사람들은 자신의 일에 새로운 기술을 사용합니다.

컴퓨터는 새로운 쓰임이 많습니다. 소형 카메라와 로봇 안에 있는 컴퓨터는 의사들이 수술하는 것을 돕습니다. 음악 그룹들은 곡과 비디오를 만들기 위해 컴퓨터를 사용합니다. 태블릿 피시는 인터넷과 애플리케이션을 통해 다양한 유형의 정보 수집을 가능하게 만들어 줍니다. 여러분이 움직이는 동안에도 태블릿 피시로 인터넷을 사용할 수 있습니다.

우리는 우리의 필요와 원하는 것을 새로운 기술로 충족시키는데, 그 기술이 나날이 변하고 있습니다. 아무도 우리의 미래가 어떤 모습이 될지 확실히 모릅니다. 오늘 우리의 꿈이 내일 실현될 수도 있습니다.

| 정답 |

Comprehension Checkup Ⓐ **1.** c **2.** b **3.** b **4.** b Ⓑ **1.** T **2.** T

Vocabulary Focus Ⓐ **1.** d **2.** c **3.** b **4.** a

Ⓑ **1.** better **2.** collect **3.** meet **4.** true

Grammar Focus **1.** No one knows for sure what our future will be.

2. I am not sure what she likes.

3. Tell me what your phone number is.

Summary better / useful / use / meets / true

| 삽화 말풍선 문장 | p.60

① 새로운 기술은 사람들이 일하고 살아가는 방식을 바꾸어 놓아.

② 컴퓨터는 우리가 많은 것을 할 수 있도록 도와줘.

| **Vocabulary** | p.61

• technology 몡 기술

• use 동 사용하다 몡 쓰임

• tiny 형 아주 작은

• surgery 몡 수술

• collect 동 수집하다, 모으다

• information 몡 정보

• application 몡 애플리케이션, 응용 프로그램

• future 몡 미래

| **Reading Focus** | p.61

• 음악 그룹들은 왜 컴퓨터를 사용하나요?

• 태블릿 피시가 무엇을 가능하게 만들어 주나요?

| 본문 그림 자료 | p.62

• New uses of computers 컴퓨터의 새로운 사용

| 문제 정답 및 해석 | p.63

Comprehension Checkup

Ⓐ 가장 알맞은 답을 고르세요.

1. 본문은 주로 무엇에 관한 글입니까? [c]

a. 기술의 장점과 단점

b. 사람들을 혼란스럽게 하는 새로운 기술

c. 기술의 이용과 변화

2. 컴퓨터는 의사를 위해 무엇을 합니까? [b]

a. 의사가 직장에서 휴식을 취하도록 돕습니다.

b. 의사의 일을 돕습니다.

c. 의사가 인터넷을 사용하는 것을 돕습니다.

3. 태블릿 피시에 관해 어느 것이 사실이 아닙니까?   [b]

   a. 우리가 정보를 찾을 수 있도록 도와줍니다.

   b. 주로 의사들에 의해 사용됩니다.

   c. 인터넷에 연결되어 있습니다.

4. 본문에서 무엇을 추론할 수 있습니까?   [b]

   a. 기술은 상황을 더 어렵게 만들 것입니다.

   b. 기술은 우리의 미래의 삶을 바꿀 것입니다.

   c. 기술은 사람들이 더 많이 일하게 할 것입니다.

B 맞는 문장은 T를, 맞지 않는 문장은 F를 고르세요.

1. 새로운 기술은 우리가 필요로 하는 것을 충족하도록 돕습니다.

                                                       [T]

2. 기술은 우리가 상상할 수 있는 것보다 더 빠르게 변화하고 있습니다.   [T]

Vocabulary Focus

A 다음 단어를 알맞은 뜻과 연결하세요.

1. 아주 작은 ---- **d.** 매우 작은

2. 수술 ---- **c.** 몸을 절개하여서 치료하는 것

3. 모으다 ---- **b.** 물건을 획득하여 한데 모으다

4. 정보 ---- **a.** 어떤 것에 대한 지식이나 사실

B 다음 빈칸에 알맞은 단어를 고르세요.

충족시키다 / 더 좋은 / 현실의 / 수집하다

1. 기술은 상황을 더 빠르고 더 쉽고 더 좋게 만듭니다. [better]

2. 우리는 인터넷을 통해 다양한 유형의 정보를 수집할 수 있습니다.

                                          [collect]

3. 우리는 새로운 기술로 우리의 필요와 원하는 것을 충족시킵니다.

                                          [meet]

4. 오늘 우리의 꿈이 내일 실현될 수도 있습니다.   [true]

Grammar Focus

간접 의문문의 어순

간접 의문문: 의문사 + 주어 + 동사

의문문에서는 동사를 주어 앞에 쓰죠? 그런데 의문문이 다른 문장 안으로 들어가서 주어나 보어, 목적어 등으로 쓰이면 의문문은 평서문의 어순(의문사 + 주어 + 동사)이 됩니다. 이런 의문문을 간접 의문문이라고 합니다. 간접 의문문으로 쓸 때 주어가 몇 인칭인지, 어떤 시제인지 정확히 확인한 후에 동사의 형태를 적절하게 씁니다.

밑줄 친 부분을 바르게 고친 다음 문장을 다시 쓰세요.

1. [No one knows for sure what our future will be.]

   아무도 우리의 미래가 어떤 모습이 될지 확실히 모릅니다.

2. [I am not sure what she likes.]

   그녀가 뭘 좋아하는지 나는 잘 모르겠습니다.

3. [Tell me what your phone number is.]

   당신의 전화번호가 뭔지 내게 알려 주세요.

Summary

본문을 요약하기 위해 빈칸에 알맞은 단어를 골라 채우세요.

유용한 / 현실의 / 더 좋은 / 충족시키다 / 사용하다

Science helps technology make things better. Computers are very useful in many fields. It is possible for us to use the Internet, even while we are moving. New technology meets our needs and wants every day. Our dreams today may be coming true tomorrow.

과학은 기술이 상황을 더 좋게 만들도록 도와줍니다. 컴퓨터는 많은 분야에서 매우 유용합니다. 심지어 이동하는 중에도 우리는 인터넷을 사용하는 것이 가능합니다. 새로운 기술은 날마다 우리의 필요와 원하는 것을 충족시켜 줍니다. 오늘 우리의 꿈이 내일 실현될 수도 있습니다.

p.66

| 본문 해석 | 콜럼버스와 신대륙

크리스토퍼 콜럼버스와 그의 선원들은 스페인에서 아시아를 향해 출항했습니다. 그들은 두 달 동안 항해를 계속했습니다. 항해를 하던 중 그들은 항로를 잃었다고 생각했습니다. 그들은 실망했고 항해를 계속할 기운이 조금도 남아 있지 않았습니다. 그러나, 선원들이 콜럼버스가 되돌아가도록 만들려고 할 때, 섬이 보였습니다. 그들은 이 섬이 인도 제국 가까이에 있다고 생각했습니다. 그래서 그들은 아메리카 원주민들에게 잘못된 이름을 붙여 주게 되었던 것입니다. 그들은 그들을 '인디언'이라고 불렀습니다.

몇몇 아메리카 원주민의 후손은 여전히 자신들을 인디언이라고 부르고 있지만, 그들은 또한 아메리카 원주민이라고 널리 불립니다.

콜럼버스와 그의 선원들은 신대륙을 우연히 발견했던 것입니다. 그것이 1492년의 일이었습니다.

| 정답 |

Comprehension Checkup Ⓐ **1.** b **2.** c **3.** c **4.** a   Ⓑ **1.** F **2.** F

Vocabulary Focus Ⓐ **1.** b **2.** a **3.** d **4.** c

Ⓑ **1.** lost **2.** sailing **3.** island **4.** natives

Grammar Focus **1.** They thought they were lost.

2. They thought this was near the Indies.

Summary sailing / thought / called / Indians / discovered

| 삽화 말풍선 문장 | p.66

① 크리스토퍼 콜럼버스는 아시아로 가기를 원하며 출항했어.

② 콜럼버스와 그의 선원들은 신대륙을 발견했어.

| **Vocabulary** | p.67

· sail 동 항해하다

· disappointed 형 실망한

· island 명 섬

· native 명 원주민

· wrong 형 잘못된, 틀린

· descendant 명 후손

| **Reading Focus** | p.67

· 콜럼버스에 관해 무엇을 알고 있나요?

· 항해를 잘 하려면 무엇이 필요하다고 생각하나요?

| 본문 그림 자료 | p.68

· Columbus arrived at the continent of America.

콜럼버스가 아메리카 대륙에 도착했습니다.

| 문제 정답 및 해석 | p.69

Comprehension Checkup

Ⓐ 가장 알맞은 답을 고르세요.

1. 본문은 주로 무엇에 관한 글입니까? [b]

a. 아시아를 찾기 위한 여정

b. 콜럼버스의 발견

c. 아메리카 원주민의 이름 짓기

2. 콜럼버스는 어디로 항해해 가고 싶었습니까? [c]

a. 유럽

b. 아메리카

c. 아시아

3. 콜럼버스에 관해 어느 것이 사실이 아닙니까? [c]

a. 그는 원주민들을 인디언이라고 불렀습니다.

b. 그는 우연히 미국을 발견했습니다.

c. 그는 아시아의 한 섬에 도착했습니다.

4. 본문에서 무엇을 추론할 수 있습니까?   [a]

   a. 콜럼버스는 그가 어디 있었는지 몰랐습니다.

   b. 원주민들은 콜럼버스를 환영했습니다.

   c. 콜럼버스는 그때부터 아메리카에 살았습니다.

B 맞는 문장은 T를, 맞지 않는 문장은 F를 고르세요.

1. 콜럼버스와 그의 선원들은 여정을 포기했습니다.   [F]

2. 아메리카 원주민은 스페인에서 온 사람들입니다.   [F]

Vocabulary Focus

A 다음 단어를 알맞은 뜻과 연결하세요.

1. 항해하다 - - - - **b.** 배로 물 위를 여행하다

2. 실망한 - - - - **a.** 어떤 것이 기대했던 만큼 좋지 않아 슬픈

3. 섬 - - - - **d.** 물로 둘러싸인 한 구획의 땅

4. 후손 - - - - **c.** 옛날에 살았던 어떤 사람과 관계있는 사람

B 다음 빈칸에 알맞은 단어를 고르세요.

섬 / 항해하기 / 원주민 / 길을 잃은

1. 항해를 하던 중 콜럼버스와 그의 선원들은 항로를 잃었다고 생각했습니다.   [lost]

2. 그들에게는 항해를 계속할 기운이 조금도 남아 있지 않았습니다.   [sailing]

3. 선원들이 콜럼버스가 되돌아가도록 만들려고 할 때, 섬이 보였습니다.   [island]

4. 그들은 아메리카 원주민들에게 잘못된 이름을 붙여 주었습니다.   [natives]

Grammar Focus

시제의 일치

I think (that) 주어 + 현재 시제: 나는 ~라고 생각한다
I thought (that) 주어 + 과거 시제: 나는 ~라고 생각했다

'나는 ~라고 생각한다'라고 말할 때 〈I think (that) 주어 + 동사 ~〉의 형태로 쓸 수 있습니다. 이때 that 뒤에 오는 절의 내용이 주절과 같은 시간에 있었던 일이면 주절의 동사와 같은 시제로 써야 합니다. 즉 현재 시제인 I think ~로 쓰면 뒤의 절의 동사도 현재 시제, 과거 시제인 I thought ~으로 쓰면 뒤의 절의 동사도 과거 시제가 되어야 합니다.

밑줄 친 단어를 바르게 고친 다음 문장을 다시 쓰세요.

1. [They thought they were lost.]
   그들은 길을 잃었다고 생각했습니다.

2. [They thought this was near the Indies.]
   그들은 이곳이 인도 제국 가까이에 있다고 생각했습니다.

Summary

본문을 요약하기 위해 빈칸에 알맞은 단어를 골라 채우세요.

생각했다 / 불렀다 / 항해하기 / 발견했다 / 인디언

Christopher Columbus set sail for Asia with his men. Two months after sailing from Spain, they were about to give up. But they finally found an island. They thought this was a part of the Indies, so they called the natives of America Indians. Columbus discovered the New World by chance in 1492.

크리스토퍼 콜럼버스는 그의 선원들과 함께 아시아를 향해 출항했습니다. 스페인에서부터 항해한 지 2개월 후, 그들은 포기하려던 참이었습니다. 하지만 그들은 마침내 섬을 발견했습니다. 그들은 이 섬이 인도 제국의 한 부분이라고 생각해서, 아메리카 원주민을 인디언이라고 불렀습니다. 콜럼버스는 1492년에 우연히 신대륙을 발견했습니다.

p.72

| 본문 해석 | **순례자와 청교도**

순례자들은 매우 신앙심이 깊은 사람들이었습니다. 그들은 영국에서 허용되지 않는 방식으로 예배를 드리기 위해 미국으로 갔습니다. 1620년 영국의 순례자들은 그들의 배인 메이플라워호에서 내렸습니다. 그들은 친절한 원주민들의 도움으로 굶주림에서 벗어났습니다. 미국인들이 추수감사절을 기념할 때 그들은 순례자들이 열었던 특별한 축제를 기억하고 있습니다. 그들은 인디언들이 재배하고 사냥하는 방법을 알려 주어 장만한 음식에 대해 신에게 감사를 드리고 싶었습니다.

다른 영국의 식민지 주민들이 순례자들을 따라왔습니다. 이 사람들은 청교도들이라고 불렸습니다. 순례자들처럼 청교도들은 독실한 기독교인들이었지만, 순례자들의 신앙과는 일치하지 않았습니다. 청교도들은 열심히 일을 해야 한다는 믿음이 있었고, 그들의 식민지는 빠르게 성장했습니다.

| 정답 |

Comprehension Checkup Ⓐ **1.** b **2.** a **3.** b **4.** c Ⓑ **1.** F **2.** T

Vocabulary Focus Ⓐ **1.** b **2.** c **3.** d **4.** a

Ⓑ **1.** starving **2.** showed **3.** followed **4.** agree

Grammar Focus **1.** that **2.** that

Summary worship / Pilgrims / friendly / followed / beliefs

| 삽화 말풍선 문장 | p.72

① 영국의 순례자들은 메이플라워호를 타고 미국으로 갔어.

② 친절한 인디언들은 순례자들에게 재배하고 사냥하는 방법을 알려 주었어.

| Vocabulary | p.73

• Pilgrim 몡 순례자, (미국으로 간) 최초의 이주자

• worship 통 예배하다, 숭배하다

• allow 통 허락하다

• starve 통 굶주리다

• celebrate 통 기념하다, 축하하다

• feast 몡 축제

• hunt 통 사냥하다

• colonist 몡 식민지 주민

• Puritan 몡 청교도

• agree 통 일치하다, 동의하다

| Reading Focus | p.73

• 순례자들은 왜 미국으로 갔나요?

• 청교도들은 어떤 사람들이었나요?

| 본문 그림 자료 | p.74

• Pilgrims leaving England 영국을 떠나는 순례자들

• people celebrating Thanksgiving Day 추수감사절을 기념하는 사람들

| 문제 정답 및 해석 | p.75

Comprehension Checkup

Ⓐ 가장 알맞은 답을 고르세요.

1. 본문은 주로 무엇에 관한 글입니까? [b]

a. 추수감사절의 기원

b. 미국으로 간 종교 단체들

c. 메이플라워호의 여정

2. 순례자들은 왜 미국으로 갔습니까? [a]

   a. 그들의 방식으로 계속 예배를 드리기 위해서

   b. 새로운 세상에서의 삶을 경험하기 위해서

   c. 미국에 그들의 믿음을 소개하기 위해서

3. 추수감사절에 관해 어느 것이 사실이 아닙니까? [b]

   a. 순례자들의 축제를 기억하기 위한 것입니다.

   b. 재배하고 사냥하는 방법을 배우기 위한 것입니다.

   c. 인디언들이 가르쳐 준 것에 감사하기 위한 것입니다.

4. 청교도인들에 관해 무엇을 추론할 수 있습니까? [c]

   a. 그들은 순례자들의 적이었습니다.

   b. 그들은 원주민들에게 환영받지 못했습니다.

   c. 그들의 믿음은 그들의 식민지가 빠르게 성장하도록 도왔습니다.

B 맞는 문장은 T를, 맞지 않는 문장은 F를 고르세요.

1. 청교도들은 메이플라워호를 타고 미국으로 왔습니다. [F]

2. 순례자들과 정교도들은 서로 다른 종교적 믿음을 가지고 있있습니다. [T]

Vocabulary Focus

A 다음 단어를 알맞은 뜻과 연결하세요.

1. 예배하다 · · · · **b.** 신을 향한 존경과 사랑을 나타내다

2. 굶주리다 · · · · **c.** 먹을 것이 충분하지 않아서 고통받다

3. 축제 · · · · **d.** 사람들이 특별한 행사를 축하하는 향연

4. 사냥하다 · · · · **a.** 야생 동물을 죽이기 위해 쫓다

B 다음 빈칸에 알맞은 단어를 고르세요.

따라왔다 / 굶는 것 / 동의하다 / 알려 주었다

1. 순례자들은 친절한 원주민들의 도움으로 굶주림에서 벗어났습니다. [starving]

2. 인디언들은 순례자들에게 식량을 재배하고 사냥하는 방법을 알려 주었습니다. [showed]

3. 청교도라고 불리는 영국의 다른 식민지 주민들이 순례자들을 따라왔습니다. [followed]

4. 청교도들은 순례자들의 신앙에 동의하지 않았습니다. [agree]

Grammar Focus

명사 바로 뒤에 이어지는 that절

명사에 대해 보충 설명해 주는 말이 길고 주어, 동사가 있다면 명사 바로 뒤에 〈that + 주어 + 동사 ~〉의 형태로 씁니다. 이때 that절 은 형용사절이라고 하며, that은 생략할 수 있습니다.

알맞은 단어를 고르세요.

1. 그들은 순례자들이 열었던 특별한 축제를 기억하고 있습니다. [that]

2. 그들은 인디언들이 재배하고 사냥하는 방법을 알려 주어 장만한 음식에 대해 신에게 감사를 드리고 싶었습니다. [that]

Summary

본문을 요약하기 위해 빈칸에 알맞은 단어를 골라 채우세요.

친절한 / 예배하다 / 순례자들 / 신앙 / 따라왔다

The Pilgrims went to America to worship in their own way. They sailed on a ship called the Mayflower in 1620. Thanksgiving Day was started by the Pilgrims with the help of friendly Indians. The Puritans followed the Pilgrims, but their beliefs were different from the Pilgrims'.

순례자들은 자신들의 방식대로 예배드리기 위해서 미국으로 갔습니다. 1620년, 그들은 메이플라워라고 하는 배를 타고 항해했습니다. 추수감사절은 친절한 인디언들의 도움을 받은 순례자들에 의해 시작되었습니다. 청교도들이 순례자들을 따라왔지만, 그들의 신앙은 순례자의 신앙과 달랐습니다.

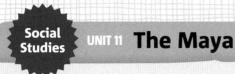

p.78

| 본문 해석 | **마야인**

마야인은 4,000년 전 중앙아메리카 정글에서 살았던 무리의 사람들이었습니다. 그들은 그곳에서 아주 오랫동안 살았고, 그들 중 일부는 오늘날에도 그곳에 살고 있습니다. 마야인은 콜럼버스가 미 대륙에 도착하기 전까지 문자 언어를 가지고 있었던 아메리카의 유일한 민족이었습니다.

마야인은 옥수수와 콩을 재배했고 도시를 건설했습니다. 그들의 최대 건축물은 피라미드였습니다. 그들의 피라미드는 이집트의 피라미드 만큼 높지 않았지만, 제사장이 밑에서 꼭대기까지 오를 수 있는 계단이 있었습니다. 피라미드의 꼭대기에서 마야인들은 신들에게 예배를 드렸습니다.

마야인은 예술과 건축에 정말 능했고, 수학도 잘했습니다.

| 정답 |

Comprehension Checkup Ⓐ **1.** c **2.** b **3.** c **4.** a Ⓑ **1.** T **2.** F

Vocabulary Focus Ⓐ **1.** d **2.** c **3.** b **4.** a

　　　　　　　　　 Ⓑ **1.** pyramids **2.** steps **3.** worshiped **4.** smart

Grammar Focus **1.** before **2.** before **3.** before

Summary written / pyramids / steps / worshiped / good

| 삽화 말풍선 문장 | p.78

① 마야인은 4,000년 전 중앙아메리카 정글에 살았어.

② 가장 큰 마야의 건축물은 피라미드였어.

| **Vocabulary** | p.79

• jungle 명 정글

• pyramid 명 피라미드

• step 명 계단

• priest 명 제사장, 성직자

• climb 동 오르다

• architecture 명 건축

• mathematics 명 수학

| **Reading Focus** | p.79

• 마야인들은 생계를 위해 무엇을 했나요?

• 마야의 피라미드는 어떤 모습이었나요?

| 본문 그림 자료 | p.80

• Mayan pyramid 마야 피라미드

| 문제 정답 및 해석 | p.81

Comprehension Checkup

Ⓐ **가장 알맞은 답을 고르세요.**

1. 본문은 주로 무엇에 관한 글입니까?　　　　　　[c]

　　a. 마야인의 비밀

　　b. 마야인의 종교

　　c. 고대 마야인의 삶

2. 마야인은 무엇을 잘했습니까?　　　　　　　　[b]

　　a. 전쟁에서 싸우는 것

　　b. 건축물을 만드는 것

　　c. 피라미드를 오르는 것

3. 마야 피라미드에 관해 어느 것이 사실이 아닙니까?　　　　[c]

   a. 제사장이 꼭대기 끝까지 올라갔습니다.

   b. 그들의 모든 건축물 중에서 가장 컸습니다.

   c. 이집트 피라미드보다 더 높았습니다.

4. 마야인에 관해 무엇을 추론할 수 있습니까?　　　　[a]

   a. 그들은 당시에 상당히 발달되어 있었습니다.

   b. 그들의 신들은 오늘날에도 여전히 숭배됩니다.

   c. 그들은 유럽에서 온 모든 사람들을 환영했습니다.

B 맞는 문장은 T를, 맞지 않는 문장은 F를 고르세요.

1. 마야인은 글을 쓰기 위한 문자를 가지고 있었습니다.　[T]

2. 마야의 피라미드 꼭대기에 아무도 올라갈 수 없었습니다.　[F]

Vocabulary Focus

A 다음 단어를 알맞은 뜻과 연결하세요.

1. 정글 ---- **d.** 나무와 풀이 많은 열대 숲

2. 피라미드 ---- **c.** 평평한 바닥과 네 개의 면에 꼭대기는 뾰족한 모양을 이루고 있는 큰 건축물

3. 계단 ---- **b.** 층계의 한 부분

4. 제사장, 성직자 ---- **a.** 종교적인 의무와 책임이 있는 사람

B 다음 빈칸에 알맞은 단어를 고르세요.

예배했다 / 피라미드 / 영리한 / 계단

1. 마야의 최대 건축물은 피라미드였습니다.　　[pyramids]

2. 마야의 피라미드에는 바닥부터 꼭대기까지 계단이 있었습니다.

　　　　　　　　　　　　　　　　　　[steps]

3. 피라미드의 꼭대기에서, 마야 사람들은 그들의 신들에게 예배를 드렸습니다.　　　　　　[worshiped]

4. 마야인은 수학에 능했습니다.　　　　[smart]

Grammar Focus

접속사 before와 after

두 개의 상황 중 하나가 먼저 일어나고 나머지 하나는 나중에 발생한 경우에는 접속사 before나 after를 사용해서 시간상의 순서를 나타냅니다. before는 '~ 전에'라는 의미이고, after는 '~ 후에'라는 의미를 나타냅니다. 그리고 '이유'에 대해 말할 때는 because(~ 때문에)를 사용합니다.

알맞은 단어를 고르세요.

1. 마야인은 콜럼버스가 미 대륙에 도착하기 전까지 문자 언어를 가지고 있었던 아메리카의 유일한 민족이었습니다.　[before]

2. 가기 전에 인사하고 가세요.　　　　[before]

3. 잠들기 전에 불을 끄세요.　　　　[before]

Summary

본문을 요약하기 위해 빈칸에 알맞은 단어를 골라 채우세요.

잘하는 / 예배했다 / 문자로 된 / 계단 / 피라미드

The Maya lived in Central America 4,000 years ago. They had a written language and built pyramids with steps from the bottom to the top. At the tops of the pyramids, the Maya worshiped their gods. The Maya were good at art, architecture, and mathematics.

마야인은 4,000년 전 중앙아메리카에서 살았습니다. 그들은 문자로 된 언어를 가지고 있었고, 바닥부터 꼭대기까지 계단이 있는 피라미드를 건축했습니다. 피라미드의 꼭대기에서 마야 사람들은 그들의 신들에게 예배를 드렸습니다. 마야인은 예술, 건축, 그리고 수학을 잘했습니다.

p.84

| 본문 해석 | **아즈텍족**

아즈텍족은 멕시코에 살았던 아메리카 원주민이었습니다. 아즈텍 제국은 14세기부터 16세기까지 존속했습니다. 아즈텍족은 자신들을 멕시코인 또는 나후아라고 칭했습니다. 마야인이 그들의 도시를 떠나고 한참 후, 매우 사나운 사람들인 아즈텍족이 오늘날의 멕시코인 그 지역에 나타났습니다. 아즈텍족은 그곳에 이미 살고 있던 사람들을 정복했고 멕시코의 대부분을 지배했습니다.

아즈텍족은 한 호수에 있는 여러 섬에 수도를 세웠습니다. 세계에서 가장 큰 도시 중 하나인 멕시코시티가 현재 그곳에 자리 잡고 있습니다.

아즈텍 전사들은 자신들이 통치하는 부족들에게 그들의 친척들을 이 도시로 보내도록 강요했습니다. 그곳에서 아즈텍 제사장들은 신을 기쁘게 하기 위해 그들을 죽였습니다. 그들의 잔인성 때문에 아즈텍족은 미움을 받았습니다.

| 정답 |

Comprehension Checkup Ⓐ **1.** b **2.** c **3.** b **4.** a Ⓑ **1.** F **2.** F

Vocabulary Focus Ⓐ **1.** c **2.** b **3.** d **4.** a

　　　　　　　　　　　Ⓑ **1.** lasted **2.** fierce **3.** ruled **4.** forced

Grammar Focus **1.** who **2.** who **3.** who

Summary appeared / fierce / ruled / cruelty / lasted

| 삽화 말풍선 문장 | p.84

① 아즈텍족은 오래전에 멕시코에 살았던 아메리카 원주민이었어.

② 아즈텍족은 매우 사나운 사람들이었어.

| **Vocabulary** | p.85

• empire 명 제국

• fierce 형 사나운

• appear 동 나타나다

• present-day 형 오늘날의

• conquer 동 정복하다

• rule 동 지배하다, 통치하다

• capital 명 수도

• warrior 명 전사

• relative 명 친척

• please 동 기쁘게 하다

| **Reading Focus** | p.85

• 아즈텍 제국은 얼마 동안 존속했나요?

• 아즈텍족은 수도를 어디에 세웠나요?

| 문제 정답 및 해석 | p.87

Comprehension Checkup

Ⓐ 가장 알맞은 답을 고르세요.

1. 본문은 주로 무엇에 관한 글입니까?　　　　[b]

　　a. 멕시코의 기원

　　b. 아즈텍의 역사

　　c. 마야인에 대항한 아즈텍족

2. 아즈텍족은 자신들을 무엇이라고 칭했습니까?　[c]

　　a. 마야인

　　b. 아메리카 원주민

　　c. 멕시코인

3. 아즈텍족에 관해 어느 것이 사실이 아닙니까?　[b]

　　a. 그들은 사람들에게 잔인했습니다.

　　b. 그들은 사람들로부터 존경을 받았습니다.

　　c. 그들은 마야의 땅을 점령했습니다.

4. 아즈텍족에 관해 무엇을 추론할 수 있습니까?　　　　[a]

　　a. 그들은 힘으로 사람들을 지배했습니다.

　　b. 그들은 대부분의 사람들을 죽였습니다.

　　c. 그들은 호수에 섬을 몇 개 만들었습니다.

B 맞는 문장은 T를, 맞지 않는 문장은 F를 고르세요.

1. 아즈텍족은 마야인을 정복했습니다.　　　　　　[F]

2. 아즈텍의 제사장들은 그들의 신을 기쁘게 하기 위해 동물을 죽였습니다.　　　　　　　　　　　　　　　　[F]

Vocabulary Focus

A 다음 단어를 알맞은 뜻과 연결하세요.

1. 사나운 ---- **c.** 공격할 준비가 되어 있고, 매우 무섭게 보이는

2. 정복하다 ---- **b.** 힘으로 사람들을 지배하다

3. 전사 ---- **d.** 용감하고 경험이 많은 병사

4. 기쁘게 하다 ---- **a.** 누군가를 행복하게 혹은 만족스럽게 만들다

B 다음 빈칸에 알맞은 단어를 고르세요.

　　지배했다 / 강요했다 / 지속됐다 / 사나운

1. 아즈텍 제국은 14세기부터 16세기까지 존속했습니다.

　　　　　　　　　　　　　　　　　　　　　[lasted]

2. 오늘날의 멕시코인 그 지역에 매우 사나운 사람들이 나타났습니다.　　　　　　　　　　　　　　　　　[fierce]

3. 아즈텍족은 멕시코의 대부분을 지배했습니다.　[ruled]

4. 아즈텍의 전사들은 사람들에게 그들의 친척들을 이 도시로 보내도록 강요했습니다.　　　　　　　　　　[forced]

Grammar Focus

　　　　　사람 명사 바로 뒤에 이어지는 who절

사람에 대해 보충 설명해 주는 말이 길고 동사가 있으면 명사(사람) 바로 뒤에 〈who + 동사 ~〉의 형태로 써 줍니다. 이때 who는 의문사가 아니라 앞의 명사와 이어 주며 주어 역할을 하기 때문에 주

격 관계대명사라고 합니다. 사람이 아닌 사물을 꾸며 줄 때는 who 대신 which를 써 주어야 합니다.

알맞은 단어를 고르세요.

1. 아즈텍족은 멕시코에 살았던 아메리카 원주민들이었습니다.

　　　　　　　　　　　　　　　　　　　　　[who]

2. 마야인은 4,000년 전 중앙아메리카 정글에서 살았던 무리의 사람들이었습니다.　　　　　　　　　　　　[who]

3. 나는 친절한 사람들을 좋아합니다.　　　　　　[who]

Summary

본문을 요약하기 위해 빈칸에 알맞은 단어를 골라 채우세요.

　　사나운 / 잔인함 / 나타났다 / 지속됐다 / 지배했다

Long after the Maya disappeared, the Aztecs appeared in Mexico. They were fierce and ruled over much of Mexico. The Aztecs built a capital, and Mexico City stands there now. The Aztec priests killed people, and this cruelty made people hate them. The Aztec Empire lasted for three centuries, beginning in the 14th century.

마야인이 사라지고 나서 한참 후, 아즈텍족이 멕시코에 나타났습니다. 그들은 사나웠고, 멕시코의 대부분을 지배했습니다. 아즈텍족은 수도를 건설했고, 지금은 그곳에 멕시코시티가 있습니다. 아즈텍의 제사장들은 사람들을 죽였고, 이러한 잔인성은 사람들이 아즈텍족을 혐오하게 만들었습니다. 아즈텍 제국은 14세기부터 시작하여 3세기 동안 존속했습니다.

p.90

| 정답 |

Review Vocabulary Test

Ⓐ **1.** sheet / 얇은 종이[조각] **2.** please / 기쁘게 하다 **3.** starve / 굶주리다

  4. disappointed / 실망한

Ⓑ **1.** meet **2.** worshiped **3.** chopped **4.** forced

Ⓒ **1.** conquer **2.** chip **3.** collect **4.** island **5.** priest **6.** jungle **7.** feast

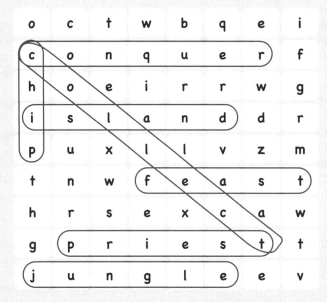

Review Grammar Test

Ⓐ **1.** what our future will be **2.** were **3.** who **4.** say

Ⓑ **1.** Bleach makes the pulp turn white.

  2. They are remembering a special feast that the Pilgrims held.

  3. Say goodbye before you go.

| 문제 정답 및 해석 |

Review Vocabulary Test

A 알맞은 단어와 우리말 뜻을 쓰세요.

1. 어떤 것의 얇고 납작한 조각   [sheet / 얇은 종이[조각]]
2. 누군가를 행복하게 혹은 만족스럽게 만들다
   [please / 기쁘게 하다]
3. 먹을 것이 충분하지 않아서 고통받다   [starve / 굶주리다]
4. 어떤 것이 기대했던 만큼 좋지 않아 슬픈
   [disappointed / 실망한]

B 다음 빈칸에 알맞은 단어를 고르세요.

잘게 잘린 / 충족시키다 / 강요했다 / 예배했다

1. 우리는 새로운 기술로 우리의 필요와 원하는 것을 충족시킵니다.
   [meet]
2. 피라미드의 꼭대기에서, 마야인은 그들의 신들에게 예배를 드렸습니다.   [worshiped]
3. 공장에서 나무는 작은 나무 조각들로 잘게 잘립니다.
   [chopped]
4. 아즈텍의 전사들은 사람들에게 그들의 친척들을 이 도시로 보내도록 강요했습니다.   [forced]

C 알맞은 단어를 쓰세요. 그 다음 퍼즐에서 그 단어들을 찾아 동그라미 하세요.

1. 힘으로 사람들을 지배하다   [conquer]
2. 나무, 돌, 금속 등의 작은 조각   [chip]
3. 물건을 획득하여 한데 모으다   [collect]
4. 물로 둘러싸인 땅   [island]
5. 종교적인 의무와 책임이 있는 사람   [priest]
6. 나무와 풀이 많은 열대 숲   [jungle]
7. 특별한 행사를 축하하는 향연   [feast]

Review Grammar Test

A 알맞은 말을 고르세요.

1. 아무도 우리의 미래가 어떤 모습이 될지 모릅니다.
   [what our future will be]
2. 그들은 길을 잃었다고 생각했습니다.   [were]
3. 아즈텍족은 멕시코에 살았던 아메리카 원주민이었습니다.
   [who]
4. 왜 그런 말을 하는 겁니까?   [say]

B 밑줄 친 단어를 바르게 고친 다음 문장을 다시 쓰세요.

1. [Bleach makes the pulp turn white.]
   표백제는 펄프를 하얗게 변하게 만듭니다.
2. [They are remembering a special feast that the Pilgrims held.]
   그들은 순례자들이 열었던 특별한 축제를 기억하고 있습니다.
3. [Say goodbye before you go.]
   가기 전에 인사하고 가세요.

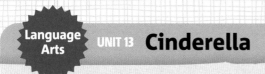

Language Arts UNIT 13 Cinderella

| 본문 해석 | 신데렐라

신데렐라는 매정한 새엄마와 이기적인 두 새언니와 살았습니다.

어느 날, 왕자가 궁전의 성대한 무도회에 젊은 아가씨들을 초대했습니다. 새엄마와 새언니들이 마차를 타고 떠난 후, 갑자기 한 노파가 나타나 "12시 전에 무도회장을 나오거라."라고 말하면서 신데렐라가 무도회에 갈 수 있도록 도와주었습니다.

모두들 신데렐라의 아름다움에 깜짝 놀랐습니다. 왕자는 신데렐라와 춤추었습니다. 거의 자정이 되자 한마디도 없이 신데렐라는 갑자기 궁전을 뛰쳐나갔습니다.

왕자는 땅바닥에 있는 신데렐라의 유리 구두 한 짝을 발견했습니다. 다음 날, 그와 그의 신하들은 그 구두의 주인을 찾았습니다. 그들은 마침내 신데렐라의 집에 왔습니다. 신데렐라가 그 구두를 신어 보았습니다. 구두가 딱 맞았습니다. 왕자는 신데렐라에게 자신의 아내가 되어 달라고 청했습니다. 그 이후로 신데렐라와 왕자는 행복하게 살았습니다.

| 정답 |

Comprehension Checkup A **1.** a **2.** c **3.** c **4.** c B **1.** F **2.** T

Vocabulary Focus A **1.** b **2.** c **3.** d **4.** a

B **1.** invited **2.** ball **3.** lying **4.** fit

Grammar Focus **1.** amazed **2.** hated **3.** allowed

Summary cruel / palace / ball / left / search

| 삽화 말풍선 문장 | p.94

① 신데렐라는 새엄마와 두 새언니와 살았어.

② 신데렐라는 궁전에서 뛰쳐나가면서 유리 구두 한 짝을 잃어버렸어.

| **Vocabulary** | p.95

• cruel 형 잔인한, 매정한

• stepmother 명 계모, 새엄마

• invite 동 초대하다

• ball 명 무도회

• palace 명 궁전

• suddenly 부 갑자기

• amaze 동 놀라게 하다

• search 동 찾다, 수색하다

• fit 동 맞다

| **Reading Focus** | p.95

• 신데렐라는 궁전에서 왜 뛰쳐나갔나요?

• 왕자는 신데렐라를 왜 찾고 싶어 했나요?

| 문제 정답 및 해석 | p.97

Comprehension Checkup

A 가장 알맞은 답을 고르세요.

1. 새언니들은 왜 신데렐라를 빼고 궁전에 갔습니까? [a]

a. 그들은 이기적이었기 때문에

b. 그들은 신데렐라를 데려가는 것을 잊었기 때문에

c. 그들은 바빴기 때문에

2. 신데렐라는 어떻게 무도회에 갈 수 있었습니까? [c]

a. 새엄마에게 부탁했습니다.

b. 마술 지팡이를 사용했습니다.

c. 어떤 노파가 그녀를 도와주었습니다.

3. 신데렐라는 왜 궁전에서 뛰어나왔습니까?　　　　[c]

  a. 그녀는 그 당시에 몸이 좋지 않았기 때문에

  b. 그녀의 새엄마가 그녀에게 화가 났기 때문에

  c. 그녀는 12시 전에 떠나라는 말을 들었기 때문에

4. 왕자는 신데렐라를 어떻게 찾았습니까?　　　　[c]

  a. 그는 다른 유리 구두를 찾았습니다.

  b. 그는 그녀가 어디에 사는지 알아냈습니다.

  c. 그는 유리 구두의 주인을 찾았습니다.

B 맞는 문장은 T를, 맞지 않는 문장은 F를 고르세요.

1. 신데렐라의 새엄마는 신데렐라에게 매우 친절했습니다.　[F]

2. 모든 사람이 신데렐라가 아름답다고 생각했습니다.　[T]

Vocabulary Focus

A 다음 단어를 알맞은 뜻과 연결하세요.

1. 무도회 ---- **b.** 사람들이 춤을 추는 성대한 공식 파티

2. 궁전 ---- **c.** 왕, 왕비, 혹은 다른 통치자들을 위한 큰 집

3. 놀라게 하다 ---- **d.** 누군가를 매우 놀라게 하다

4. 잔인한 ---- **a.** 사람들을 화나게 하고 다치게 하는

B 다음 빈칸에 알맞은 단어를 고르세요.

놓여 있는 / 무도회 / 맞다 / 초대했다

1. 왕자는 궁전의 성대한 무도회에 젊은 아가씨들을 <u>초대했습니다.</u>
　　　　　　　　　　　　　　　　　[invited]

2. 노파는 신데렐라에게 "12시 전에 <u>무도회</u>를 나오거라."라고 말했습니다.　　　　　　　　　　　　[ball]

3. 왕자는 땅바닥에 <u>놓여 있는</u> 그녀의 유리 구두 한 짝을 발견했습니다.　　　　　　　　　　　　[lying]

4. 구두가 신데렐라에게 딱 <u>맞았습니다.</u>　　　[fit]

Grammar Focus

수동태: be동사 + 과거분사

주어가 행동의 영향을 받을 때는 수동태를 사용합니다. 수동태는 〈be동사 + 과거분사〉의 형태로 씁니다.

알맞은 단어를 고르세요.

1. 모두들 신데렐라의 아름다움에 깜짝 놀랐습니다.　[amazed]

2. 그들의 잔인성 때문에 아즈텍족은 미움을 받았습니다.
　　　　　　　　　　　　　　　　　[hated]

3. 그것은 영국에서 허용되지 않았습니다.　　[allowed]

Summary

본문을 요약하기 위해 빈칸에 알맞은 단어를 골라 채우세요.

무도회 / 궁전 / 떠났다 / 찾다 / 잔인한, 매정한

Cinderella lived with her stepmother and stepsisters. They were cruel and selfish. One day, she went to the ball at the palace. But she had to leave the ball before twelve. She was dancing with the prince but suddenly left without a word. Finding one of her glass shoes, the prince began to search for the shoe's owner. When he found out the owner was Cinderella, he proposed to her. They were married and lived happily ever after.

신데렐라는 그녀의 새엄마와 새언니들과 함께 살았습니다. 그들은 매정하고 이기적이었습니다. 어느 날, 신데렐라는 궁전에서 열리는 무도회에 갔습니다. 하지만 그녀는 12시 전에 무도회를 떠나야 했습니다. 왕자와 춤을 추다가, 그녀는 한마디 말도 없이 갑자기 떠나버렸습니다. 그녀의 유리 구두 한 짝을 발견한 왕자는 구두의 주인을 찾기 시작했습니다. 왕자는 구두의 주인이 신데렐라인 것을 알고 신데렐라에게 청혼했습니다. 그들은 결혼해서 그 이후로 행복하게 살았습니다.

p.100

| 본문 해석 | **백설 공주**

백설 공주는 사악한 여왕과 함께 살았습니다. 여왕은 매일 그녀의 거울에게 물었습니다. "거울아, 모든 사람 중에 누가 가장 예쁘니?"

거울은 언제나 이렇게 대답했습니다. "여왕님이십니다, 여왕 폐하." 하지만 어느 날 거울이 말했습니다. "백설 공주가 모든 사람 중에 가장 예쁩니다."

여왕은 사냥꾼에게 백설 공주를 숲속으로 데리고 가서 죽이라고 했습니다. 하지만 사냥꾼은 백설 공주를 숲속에 홀로 남겨 두었습니다.

백설 공주는 작은 오두막을 발견하고 친절한 일곱 난쟁이를 만났습니다.

백설 공주가 여전히 살아 있다는 것을 알게 된 후, 여왕은 변장하고 백설 공주에게 독이 든 사과를 가지고 갔습니다. 백설 공주는 한 입을 먹고 쓰러져 죽게 되었습니다. 난쟁이들은 백설 공주를 유리관에 안치했습니다.

어느 날, 한 왕자가 백설 공주를 보았습니다. 그가 몸을 숙여 그녀에게 키스하자, 그녀가 다시 살아났습니다. 그때 백설 공주가 눈을 떴습니다.

왕자와 백설 공주는 사랑에 빠졌고 결혼했습니다.

| 정답 |

Comprehension Checkup A 1.b 2.c 3.b 4.b B 1.T 2.F

Vocabulary Focus A 1.c 2.a 3.d 4.b

B 1.fairest 2.left 3.poisoned 4.fell

Grammar Focus 1.and 2.and 3.and

Summary wicked / poisoned / coffin / opened / lived

| 삽화 말풍선 문장 | p.100

① 여왕은 사냥꾼에게 백설 공주를 숲속으로 데리고 가서 죽이라고 했어.

② 여왕은 변장하고 백설 공주에게 독이 든 사과를 가지고 갔어.

| **Vocabulary** | p.101

• wicked 형 사악한

• fair 형 아름다운

• woods 명 숲

• cottage 명 오두막

• dwarf 명 (신화 속의) 난쟁이(dwarf – dwarves)

• disguise 동 변장하다

• poison 동 독을 넣다

• coffin 명 관

| **Reading Focus** | p.101

• 왜 여왕은 백설 공주를 죽이고 싶어 했나요?

• 백설 공주는 언제 다시 살아났나요?

| 문제 정답 및 해석 | p.103

Comprehension Checkup

A **가장 알맞은 답을 고르세요.**

1. 여왕은 그녀의 거울에게 무엇을 물어보았습니까? [b]

a. 가장 위대한 여자가 누구인지

b. 가장 예쁜 여자가 누구인지

c. 가장 똑똑한 여자가 누구인지

2. 여왕은 왜 백설 공주를 죽이기 원했습니까? [c]

   a. 백설 공주가 여왕에게 불친절했기 때문에

   b. 백설 공주가 잘못을 저질렀기 때문에

   c. 백설 공주가 여왕보다 더 예뻤기 때문에

3. 일곱 난쟁이가 백설 공주를 위해서 무엇을 했습니까? [b]

   a. 그들은 백설 공주를 굶주림에서 구해 주었습니다.

   b. 그들은 백설 공주를 유리관에 안치했습니다.

   c. 그들은 백설 공주를 여왕에게 보냈습니다.

4. 본문에서 무엇을 추론할 수 있습니까? [b]

   a. 사냥꾼은 사악한 여왕을 좋아하지 않았습니다.

   b. 여왕은 백설 공주의 아름다움을 질투했습니다.

   c. 일곱 난쟁이들 중 한 명이 왕자로 변했습니다.

B 맞는 문장은 T를, 맞지 않는 문장은 F를 고르세요.

1. 여왕은 모든 사람 중에 가장 예쁘고 싶었습니다. [T]

2. 여왕은 일곱 난쟁이를 죽이려고 했습니다. [F]

Vocabulary Focus

A 다음 단어를 알맞은 뜻과 연결하세요.

1. 숲 ---- **c.** 나무가 많이 있는 넓은 지역

2. 오두막 ---- **a.** 시골에 있는 작은 집

3. (신화 속의) 난쟁이 ---- **d.** 키가 작은 사람처럼 보이는 상상의 존재

4. 관 ---- **b.** 죽은 사람이 묻히는 긴 상자

B 다음 빈칸에 알맞은 단어를 고르세요.

독이 든 / 가장 예쁜 / 남겨 두었다 / 빠졌다

1. 여왕은 그녀의 거울에게 "거울아, 모든 사람 중에 누가 가장 예쁘니?"라고 물었습니다. [fairest]

2. 사냥꾼은 백설 공주를 숲속에 홀로 남겨 두었습니다. [left]

3. 여왕은 백설 공주에게 독이 든 사과를 가지고 갔습니다. [poisoned]

4. 왕자와 백설 공주는 사랑에 빠졌고 결혼했습니다. [fell]

Grammar Focus

접속사 and

두 개의 상황이 연속해서 일어난 경우, and(그리고)로 연결해 줄 수 있습니다. 이때 주어가 중복된다면 and 다음의 주어는 생략해도 됩니다. 두 개의 상황이 반대되는 상황이어서 대조를 이룰 때는 but(그러나)을 사용합니다.

알맞은 단어를 고르세요.

1. 여왕은 사냥꾼에게 백설 공주를 숲속으로 데리고 가서 죽이라고 했습니다. [and]

2. 그녀는 작은 오두막을 발견했고 친절한 일곱 난쟁이를 만났습니다. [and]

3. 여왕은 변장하고 백설 공주에게 독이 든 사과를 가지고 갔습니다. [and]

Summary

본문을 요약하기 위해 빈칸에 알맞은 단어를 골라 채우세요.

살았다 / 관 / 독이 든 / 사악한 / (눈을) 떴다

When the magic mirror said Snow White was the most beautiful one of all, the wicked queen tried to get rid of her. Finally she killed Snow White herself with a poisoned apple. The seven dwarves kept Snow White in a glass coffin. A prince kissed her, and Snow White came back to life and opened her eyes. She and the prince got married and lived happily ever after.

마술 거울이 백설 공주가 모든 사람 중에 가장 아름답다고 말했을 때, 사악한 여왕은 백설 공주를 없애 버리려고 했습니다. 마침내, 여왕은 독이 든 사과로 백설 공주를 직접 죽였습니다. 일곱 난쟁이가 백설 공주를 유리관에 안치했습니다. 왕자가 그녀에게 키스하자 백설 공주가 다시 살아나 눈을 떴습니다. 백설 공주와 왕자는 결혼해서 그 이후로 행복하게 살았습니다.

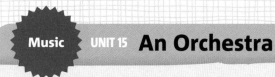

p.106

| 본문 해석 | **오케스트라**

오케스트라에는 모든 악기군—타악기, 현악기, 목관 악기, 그리고 금관 악기—들이 한데 모입니다. 오케스트라를 구성하기 위해서는 많은 악기를 연주하는 많은 연주자들이 필요합니다.

오케스트라에는 지휘자가 있습니다. 지휘자는 악기를 연주하지 않습니다. 지휘자는 오케스트라 앞에 서서 연주자들이 연주해야 할 때 그들이 함께 있으면서 연주하도록 도와주는 사람입니다. 지휘자는 한 팀의 코치와 같습니다. 지휘자는 오케스트라의 모든 단원들이 최고로 잘 연주하고 알맞은 때에 각자의 연주를 할 수 있도록 해야 합니다. 존경을 표하기 위해 사람들은 때로 지휘자를 '마에스트로(명지휘자)'라고 부르는데, 이는 '마스터(거장)'라는 뜻입니다.

| 정답 |

Comprehension Checkup Ⓐ **1.** a　**2.** c　**3.** a　**4.** c　Ⓑ **1.** T　**2.** F

Vocabulary Focus Ⓐ **1.** b　**2.** c　**3.** d　**4.** a

　　　　　　　　　　Ⓑ **1.** front　**2.** conductor　**3.** like　**4.** respect

Grammar Focus　　**1.** which　**2.** which　**3.** which

Summary　　　　　orchestra / conductor / play / right / maestro

| 삽화 말풍선 문장 | p.106

① 오케스트라에서는 다양한 악기들이 한데 모여.

② 오케스트라는 지휘자가 필요해.

| **Vocabulary** | p.107

• instrument 몡 악기

• percussion 몡 타악기

• string 몡 현악기

• wind 몡 목관 악기

• brass 몡 금관 악기

• musician 몡 연주자, 음악가

• conductor 몡 지휘자

• respect 몡 존경 통 존경하다

• address 통 (~라고) 부르다

| **Reading Focus** | p.107

• 오케스트라를 구성하는 데 무엇이 필요한가요?

• 지휘자는 무엇을 하나요?

| 문제 정답 및 해석 | p.109

Comprehension Checkup

Ⓐ 가장 알맞은 답을 고르세요.

1. 본문은 주로 무엇에 관한 글입니까?　　　　　[a]

　　a. 지휘자의 중요성

　　b. 오케스트라의 악기들

　　c. 지휘자에게 필요한 기술

2. 오케스트라에 관해 어느 것이 사실이 아닙니까?　[c]

　　a. 많은 음악가들이 함께 연주합니다.

　　b. 다양한 악기가 사용됩니다.

　　c. 타악기는 포함되지 않습니다.

3. 왜 사람들은 지휘자를 '마에스트로'라고 부릅니까?　[a]

　　a. 그들의 존경을 표현하기 위해

　　b. 또 다른 음악을 요청하기 위해

　　c. 그들의 흥분을 보여 주기 위해

58

4. 본문에서 무엇을 추론할 수 있습니까? [c]

   a. 지휘자는 연주자들을 고용합니다.

   b. 지휘자는 대개 작곡가입니다.

   c. 지휘자는 중요한 역할을 합니다.

B 맞는 문장은 T를, 맞지 않는 문장은 F를 고르세요.

1. 목관 악기는 오케스트라에 포함되어 있습니다. [T]

2. 지휘자는 보통 악기를 연주합니다. [F]

Vocabulary Focus

A 다음 단어를 알맞은 뜻과 연결하세요.

1. 현악기 ---- **b.** 줄이 있는 악기

2. 금관 악기 ---- **c.** 금속으로 만들어진 악기

3. 타악기 ---- **d.** 드럼이나 종 같은 악기

4. 목관 악기 ---- **a.** 바람을 불어넣어 연주하는 악기

B 다음 빈칸에 알맞은 단어를 고르세요.

~와 같은 / 지휘자 / 존경 / 앞부분

1. 지휘자는 오케스트라 앞에 섭니다. [front]

2. 지휘자는 연주자들이 연주해야 할 때 연주하는 것을 돕습니다.
[conductor]

3. 지휘자는 한 팀의 코치와 같습니다. [like]

4. 존경을 표하기 위해, 사람들은 지휘자를 '마에스트로'라고 부릅니다.
[respect]

Grammar Focus

사물 명사 바로 뒤에 이어지는 which

관계대명사는 두 개의 문장을 하나로 연결시켜 주는 접속사로, 대명사의 역할을 합니다. 앞선 문장에서 나온 사물 명사에 대해 보충 설명을 해 줄 때 그 명사 바로 뒤에 관계대명사 which를 쓴 후 동사와 나머지 내용을 써 줍니다. 이때 쓰이는 which는 의문사가 아니라 앞의 명사와 이어 주며 주어 역할을 하기 때문에 주격 관계대

명사라고 합니다. which 앞에 쉼표가 쓰이면 덧붙여서 설명하는 것입니다. 참고로, maestro는 '명지휘자'라는 뜻의 '사람'이지만 1번에 쓰인 maestro는 사람이 아니라 그냥 단어의 의미로만 쓰인 것입니다. 그래서 who가 아니라 which를 사용한 것입니다.

알맞은 단어를 고르세요.

1. 사람들은 때로 지휘자를 '마에스트로'라고 부르는데, 이는 '거장'이라는 뜻입니다. [which]

2. 그 사진을 봤어요, 탁자 위에 있던 거요? [which]

3. 나는 이메일을 읽었는데, 그것은 존에게서 온 것이었습니다.
[which]

Summary

본문을 요약하기 위해 빈칸에 알맞은 단어를 골라 채우세요.

오케스트라 / 마에스트로 / 연주하다 / 지휘자 / 알맞은

Percussion, string, wind, and brass instruments together make an orchestra. The orchestra has a conductor. The conductor stands in front of the orchestra and helps the musicians play their best at the right time. The conductor is also called 'maestro' which means 'master.'

타악기, 현악기, 목관 악기, 그리고 금관 악기가 함께 오케스트라를 구성합니다. 오케스트라에는 지휘자가 있습니다. 지휘자는 오케스트라 앞에 서서, 연주자들이 알맞은 때에 최고로 잘 연주하도록 돕습니다. 지휘자는 '마에스트로'라고 불리기도 하는데, 이는 '거장'이라는 뜻입니다.

Great Composers and a Symphony

p.112

| 본문 해석 | **위대한 작곡가들과 교향곡**

모차르트, 바흐, 베토벤, 그리고 차이코프스키와 같은 작곡가들의 음악을 클래식 음악이라고 부릅니다.

교향곡은 매우 특별한 종류의 클래식 음악입니다. 교향곡은 오케스트라가 연주하기 위해 쓰여진 곡입니다. 교향곡은 꽤 긴 곡으로, 때로 30분이나 그 이상이 지속되기도 합니다. 교향곡은 몇 부분으로 나누어지는데 대개 세 개 또는 네 개의 부분입니다. 그 부분들을 악장이라고 합니다.

교향곡을 쓰는 다양한 방식이 있습니다. 모차르트는 마흔 한 개의 교향곡을 썼습니다.

베토벤은 아홉 개의 위대한 교향곡을 썼습니다. 베토벤의 〈5번 교향곡〉 도입부는 모든 클래식 음악에서 가장 유명한 것 중 하나입니다.

요제프 하이든은 '교향곡의 아버지'로 알려져 있습니다.

| 정답 |

Comprehension Checkup Ⓐ **1.**c **2.**c **3.**c **4.**c Ⓑ **1.**T **2.**T

Vocabulary Focus Ⓐ **1.**b **2.**a **3.**d **4.**c

Ⓑ **1.**orchestra **2.**piece **3.**divided **4.**known

Grammar Focus **1.**A symphony may be quite a long piece.

2.I may be late, so don't wait for me.

Summary classical / symphony / lasts / divided / movements

| 삽화 말풍선 문장 | p.112

① 교향곡은 오케스트라가 연주하기 위해 쓰여진 클래식 음악이야.

② 베토벤은 가장 유명한 교향곡 작곡가들 중 하나야.

| **Vocabulary** | p.113

• composer 명 작곡가

• classical 형 고전의, 클래식 음악의

• symphony 명 교향곡

• special 형 특별한

• piece 명 곡, 소곡, 악곡

• last 동 지속되다

• divide 동 나누다

• movement 명 악장

• famous 형 유명한

| **Reading Focus** | p.113

• 누가 교향곡을 작곡했나요?

• '교향곡의 아버지'는 누구인가요?

| 본문 그림 자료 | p.114

• Great composers of classical music
  위대한 클래식 음악 작곡가

• Bach 바흐

• Mozart 모차르트

• Beethoven 베토벤

• Tchaikovsky 차이코프스키

| 문제 정답 및 해석 | p.115

Comprehension Checkup

Ⓐ 가장 알맞은 답을 고르세요.

1. 본문은 주로 무엇에 관한 글입니까? [c]

   a. 클래식 음악의 역사

   b. 오케스트라를 위한 위대한 음악

   c. 유명한 교향곡 작곡가들

2. 교향곡의 악장은 무엇입니까? [c]

    a. 긴 곡   **b.** 도입부   **c.** 나뉜 부분

3. 누가 아홉 개의 위대한 교향곡을 작곡했습니까? [c]

    a. 바흐   **b.** 모차르트   **c.** 베토벤

4. 본문에서 무엇을 추론할 수 있습니까? [c]

    a. 요즘은 더 이상 교향곡이 쓰여지지 않습니다.

    b. 베토벤은 가장 유명한 작곡가입니다.

    c. 어떤 교향곡은 30분보다 짧습니다.

B 맞는 문장은 T를, 맞지 않는 문장은 F를 고르세요.

1. 모차르트는 베토벤보다 더 많은 교향곡을 썼습니다. [T]

2. 사람들은 요제프 하이든을 '교향곡의 아버지'라고 부릅니다.

                                           [T]

Vocabulary Focus

A 다음 단어를 알맞은 뜻과 연결하세요.

1. 작곡가 - - - - **b.** 곡을 쓰는 사람

2. 특별한 - - - - **a.** 평범하거나 일반적이지 않은

3. 작곡하다, 쓰다 - - - - **d.** 새 곡, 책 등을 만들어 내다

4. 나누다 - - - - **c.** 무엇을 두 개 이상의 부분으로 분리하다

B 다음 빈칸에 알맞은 단어를 고르세요.

알려진 / 오케스트라 / 나뉜 / 곡

1. 교향곡은 <u>오케스트라</u>가 연주할 수 있도록 쓰여진 곡입니다.

                                         [orchestra]

2. 교향곡은 꽤 긴 곡일 수 있습니다. [piece]

3. 교향곡은 몇 부분으로 <u>나누어지는데</u> 보통 세 개 또는 네 개의 부분입니다.

                                         [divided]

4. 요제프 하이든은 '교향곡의 아버지'로 알려져 있습니다.

                                         [known]

Grammar Focus

조동사 may

may + 동사원형: ～할 수 있다(가능성)

조동사는 동사 앞에 쓰여서 동사의 의미를 도와줍니다. 그 중에 may는 '～할[일] 수 있다'는 '가능성'을 나타낼 때 사용합니다. 조동사 다음에 동사원형을 쓴다는 것은 이제 잘 알고 있죠?

보기와 같이 문장을 바꿔 쓰세요.

1. [A symphony may be quite a long piece.]

    교향곡은 꽤 긴 곡일 수 있습니다.

2. [I may be late, so don't wait for me.]

    저는 늦을 수 있으니 저를 기다리지 마세요.

Summary

본문을 요약하기 위해 빈칸에 알맞은 단어를 골라 채우세요.

나뉜 / 클래식의 / 교향곡 / 악장 / 지속되다

A symphony is a special kind of classical music. An orchestra is designed to play a symphony. A symphony lasts half an hour or more. It is usually divided into three or four movements. The beginning of Beethoven's *Fifth Symphony* is one of the most famous movements.

교향곡은 특별한 종류의 클래식 음악입니다. 오케스트라는 교향곡을 연주하도록 구성된 것입니다. 교향곡은 30분이나 그 이상 지속됩니다. 교향곡은 보통 세 개 또는 네 개의 악장으로 나뉩니다. 베토벤의 〈5번 교향곡〉의 도입부는 가장 유명한 악장 중의 하나입니다.

p.118

| 정답 |

Review Vocabulary Test

Ⓐ **1.** composer / 작곡가 **2.** percussion / 타악기 **3.** palace / 궁전

4. dwarf / (신화 속의) 난쟁이

Ⓑ **1.** left **2.** respect **3.** divided **4.** lying

Ⓒ

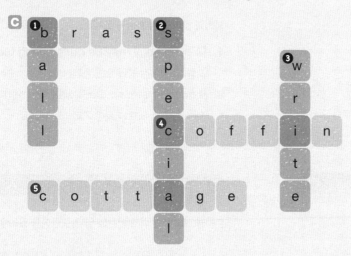

Review Grammar Test

Ⓐ **1.** and **2.** be **3.** allowed **4.** which

Ⓑ **1.** Everyone was amazed by Cinderella's beauty.

2. I read the email, which came from John.

3. The queen told her hunter to take Snow White into the woods and kill her.

Review Vocabulary Test

A 알맞은 단어와 우리말 뜻을 쓰세요.

1. 곡을 쓰는 사람   [composer / 작곡가]

2. 드럼이나 종 같은 악기   [percussion / 타악기]

3. 왕, 왕비, 혹은 다른 통치자들을 위한 큰 집   [palace / 궁전]

4. 키가 작은 사람처럼 보이는 상상의 존재

                  [dwarf / (신화 속의) 난쟁이]

B 다음 빈칸에 알맞은 단어를 고르세요.

놓여 있는 / 남겨 두었다 / 나누어진 / 존경

1. 사냥꾼은 백설 공주를 숲속에 홀로 남겨 두었습니다.   [left]

2. 존경을 표하기 위해, 사람들은 지휘자를 '마에스트로'라고 부릅니다.   [respect]

3. 교향곡은 몇 부분으로 나누어지는데, 보통 세 개나 네 개의 부분입니다.   [divided]

4. 왕자는 그녀의 유리 구두 한 짝이 땅바닥에 놓여 있는 것을 발견했습니다.   [lying]

C 크로스워드 퍼즐을 완성하세요.

가로

1. 금속으로 만들어진 악기   [brass]

4. 죽은 사람이 묻히는 긴 상자   [coffin]

5. 시골에 있는 작은 집   [cottage]

세로

1. 사람들이 춤을 추는 성대한 공식 파티   [ball]

2. 평범하거나 일반적이지 않은   [special]

3. 새 곡, 책 등을 만들어 내다   [write]

Review Grammar Test

A 알맞은 단어를 고르세요.

1. 백설공주는 작은 오두막을 발견했고 친절한 일곱 난쟁이를 보았습니다.   [and]

2. 교향곡은 꽤 긴 곡일 수 있습니다.   [be]

3. 그것은 영국에서 허용되지 않았습니다.   [allowed]

4. 그 사진을 봤어요, 탁자 위에 있던 거요?   [which]

B 밑줄 친 단어를 바르게 고친 다음 문장을 다시 쓰세요.

1. [Everyone was amazed by Cinderella's beauty.]
신데렐라의 아름다움에 모두 깜짝 놀랐습니다.

2. [I read the email, which came from John.]
나는 이메일을 읽었는데, 그것은 존에게서 온 것이었습니다.

3. [The queen told her hunter to take Snow White into the woods and kill her.]
여왕은 사냥꾼에게 백설 공주를 숲속으로 데리고 가 죽이라고 했습니다.

p.122

| 본문 해석 | 도형

선을 함께 연결하면, 도형을 이룹니다. 여기 세 가지 도형이 있습니다: 원, 정사각형, 삼각형.

여기 다른 세 가지 도형이 있습니다: 직사각형, 타원형, 마름모.

때때로 서로 다른 도형은 여러분에게 서로 다른 느낌과 생각을 불러일으킵니다.

원과 정사각형을 다시 보세요. 어느 도형이 움직이는 것을 생각하게 하나요? 원은 굴러가기 때문에 여러분에게 바퀴, 구슬, 공을 생각나게 할 수 있습니다. 정사각형과 직사각형은 한 곳에 가만히 있는 것 같아서, 여러분에게 냉장고 같은 큰 직사각형의 사물을 떠올리게 할 수 있습니다. 삼각형은 꼭짓점이 있고, 그 꼭짓점은 하늘로 치솟는 로켓처럼 특정한 방향으로 움직이는 어떤 것을 떠올리게 할 수 있습니다.

| 정답 |

Comprehension Checkup A 1.b 2.b 3.c 4.b B 1.T 2.F

Vocabulary Focus A 1.c 2.a 3.d 4.b

　　　　　　　　　　 B 1.shapes 2.rest 3.points 4.direction

Grammar Focus 1.feel 2.think 3.think

Summary shapes / different / wheels / Squares / moving

| 삽화 말풍선 문장 | p.122

① 선을 함께 연결하면, 도형을 이뤄.

② 서로 다른 도형은 서로 다른 느낌을 줄 수 있어.

| **Vocabulary** | p.123

• circle 몡 원

• square 몡 정사각형

• triangle 몡 삼각형

• rectangle 몡 직사각형

• oval 몡 타원형

• diamond 몡 마름모

• different 혱 다른

• roll 동 구르다

• wheel 몡 바퀴

• marble 몡 구슬

| **Reading Focus** | p.123

• 정사각형은 무엇인가요?

• 타원형은 무엇인가요?

| 문제 정답 및 해석 | p.125

Comprehension Checkup

A 가장 알맞은 답을 고르세요.

1. 본문은 주로 무엇에 관한 글입니까?　　　　　　[b]

　　a. 선으로 모양이 만들어지는 방법

　　b. 모양과 그들이 주는 생각

　　c. 서로 다른 모양과 그 의미

2. 어느 것이 정사각형입니까?　　　　　　　　　　[b]

　　a.　　　　　**b.**　　　　　**c.**

3. 원은 무엇을 생각나게 합니까?　　　　　　　　[c]

　　a. 냉장고

　　b. 탁자

　　c. 움직이는 물체

4. 무엇이 로켓을 생각하게 할 수 있습니까? [b]

　a. 원

　b. 삼각형

　c. 정사각형

B 맞는 문장은 T를, 맞지 않는 문장은 F를 고르세요.

1. 선을 함께 연결하면, 도형을 이룹니다. [T]

2. 서로 다른 도형들은 비슷한 느낌을 줍니다. [F]

Vocabulary Focus

A 다음 단어를 알맞은 뜻과 연결하세요.

1. 다른 ---- **c.** 다른 무엇 또는 다른 사람과 같지 않은

2. 구르다 ---- **a.** 계속해서 회전하면서 움직이다

3. 바퀴 ---- **d.** 자동차나 자전거의 아래에 있는 둥근 것 중 하나

4. 구슬 ---- **b.** 작고 색깔이 있는 유리 공

B 다음 빈칸에 알맞은 단어를 고르세요.

방향 / 꼭짓점 / 도형 / 가만히 있다

1. 선을 함께 연결하면, 그것은 <u>도형</u>을 이룹니다. [shapes]

2. 정사각형과 직사각형은 한 곳에 <u>가만히 있는</u> 것처럼 보입니다. [rest]

3. 삼각형은 <u>꼭짓점</u>이 있습니다. [points]

4. 삼각형의 꼭짓점은 특정한 <u>방향</u>으로 움직이는 어떤 것을 생각나게 할 수 있습니다. [direction]

Grammar Focus

사역동사 make

make + 목적어 + 동사원형: (목적어)가 ~하게 하다

사역동사 make는 '시키다'라는 의미가 있어서 〈make + 목적어 + 동사원형〉의 형태로 쓰면 '~로 하여금 뭔가를 …하게 만들다'라는 의미가 됩니다.

알맞은 말을 고르세요.

1. 서로 다른 도형은 여러분에게 서로 다른 느낌과 생각을 불러일으킵니다. [feel]

2. 원은 여러분에게 바퀴, 구슬, 그리고 공을 생각나게 할 수 있습니다. [think]

3. 어느 것이 움직이는 것을 생각나게 하나요? [think]

Summary

본문을 요약하기 위해 빈칸에 알맞은 단어를 골라 채우세요.

서로 다른 / 정사각형 / 바퀴 / 움직이는 / 도형

Lines make shapes. Different shapes can make you think different things. Circles make you think of wheels, marbles, and balls. Squares and rectangles seem to rest in one place. Triangles have points that make you think of something moving in a certain direction.

선은 <u>도형</u>을 만듭니다. 서로 다른 도형은 여러분에게 <u>서로 다른</u> 것들을 생각하게 할 수 있습니다. 원은 여러분에게 <u>바퀴</u>, 구슬, 그리고 공을 생각나게 합니다. <u>정사각형</u>과 직사각형은 한 곳에 가만히 있는 것처럼 보입니다. 삼각형은 여러분에게 특정한 방향으로 <u>움직이는</u> 어떤 것을 생각나게 하는 꼭짓점이 있습니다.

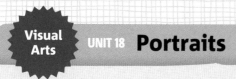

UNIT 18 Portraits

p.128

| 본문 해석 | 초상화

학교에서 사진을 찍은 적이 있나요? 또는 집의 벽이나 선반에 걸린 여러분의 사진이 있나요? 그런 것이 여러분의 초상화입니다. 초상화는 인물 사진[그림]입니다.

초상화는 카메라로 찍거나 혹은 데생으로 그리거나 물감으로 그릴 수도 있습니다. 세상에서 가장 유명한 초상화는 아마도 〈모나리자〉일 것입니다. 그것은 5백여 년 전 이탈리아의 화가 레오나르도 다빈치가 그렸습니다.

모나리자 얼굴의 표정을 보세요. 수백 년 동안, 사람들은 그녀의 표정에 매료되어 왔습니다. 그녀가 무슨 생각을 하고 있을 거라고 생각하나요? 초상화는 어떤 사람과 그 사람이 살았던 시대에 대해서 많은 것을 알려 줄 수 있습니다.

| 정답 |

Comprehension Checkup A 1.b 2.a 3.c 4.b B 1.F 2.T

Vocabulary Focus A 1.b 2.a 3.d 4.c

  B 1.portrait 2.drawn 3.expression 4.fascinated

Grammar Focus 1.Have you had your picture taken at school?

  2.People have been fascinated by her expression.

Summary portrait / taken / painted / expression / fascinated

| 삽화 말풍선 문장 | p.128

① 초상화는 인물 사진[그림]이야.

② 〈모나리자〉는 이탈리아의 화가 레오나르도 다빈치가 그렸어.

| **Vocabulary** | p.129

• picture 명 사진, 그림

• shelf 명 선반

• portrait 명 초상화

• draw 통 (선으로) 그리다, 스케치하다

• paint 통 (그림물감 등으로) 그리다

• expression 명 표정, 표현

• fascinate 통 마음을 사로잡다, 매혹하다

| **Reading Focus** | p.129

• 〈모나리자〉는 왜 유명한가요?

• 초상화로부터 우리는 무엇을 알 수 있나요?

| 본문 그림 자료 | p.130

• portrait of Mona Lisa 모나리자의 초상화

| 문제 정답 및 해석 | p.131

Comprehension Checkup

A **가장 알맞은 답을 고르세요.**

1. 본문은 주로 무엇에 관한 글입니까? [b]

  a. 레오나르도 다빈치의 몇몇 초상화

  b. 초상화의 의미와 예시

  c. 초상화의 종류와 중요성

2. 초상화는 무엇입니까? [a]

  a. 인물 그림

  b. 풍경 그림

  c. 건물 그림

3. 초상화가 우리에게 알려 줄 수 있는 것이 아닌 것은 무엇입니까? [c]

   a. 그 사람에 대한 일부의 정보

   b. 그 사람이 살았던 시대에 대해

   c. 그 사람의 친구에 대해

4. 본문에서 무엇을 추론할 수 있습니까? [b]

   a. 〈모나리자〉를 그리는 데 여러 해가 걸렸습니다.

   b. 〈모나리자〉는 그녀의 표정으로 유명합니다.

   c. 레오나르도 다빈치는 오직 하나의 초상화만 그렸습니다.

B 맞는 문장은 T를, 맞지 않는 문장은 F를 고르세요.

1. 카메라로 찍은 사진은 초상화라고 부르지 않습니다. [F]

2. 이탈리아 출신의 레오나르도 다빈치가 〈모나리자〉를 그렸습니다. [T]

Vocabulary Focus

A 다음 단어를 알맞은 뜻과 연결하세요.

1. 선반 ---- **b.** 벽에 부착된 길고 평평하며 좁은 판

2. (그림물감 등으로) 그리다 ---- **a.** 물감을 이용하여 그림을 만들다

3. 표정 ---- **d.** 어떤 사람의 얼굴 모습

4. 마음을 사로잡다 ---- **c.** 사람을 끌다

B 다음 빈칸에 알맞은 단어를 고르세요.

> 매료된 / 표정 / 초상화 / (데생으로) 그려진

1. 우리는 인물 사진[그림]을 초상화라고 부릅니다. [portrait]

2. 초상화는 데생으로 그려지거나 물감으로 그려질 수 있습니다. [drawn]

3. 모나리자 얼굴의 표정을 보세요. [expression]

4. 수백 년 동안, 사람들은 그녀의 표정에 매료되어 왔습니다. [fascinated]

Grammar Focus

> 현재완료 시제

Have/Has + 주어 + 과거분사 ∼?: ∼한 적이 있나요?
주어 + have/has + 과거분사: ∼한 적이 있다

과거의 경험을 말하거나, 혹은 과거에 시작된 일이 지금까지 계속되어 오고 있거나 완료된 경우 현재완료 시제를 씁니다. 현재완료 시제의 형태는 〈have/has + 과거분사〉입니다. '∼한 적 있다', '그동안 ∼해 왔다', '지금까지 ∼해 왔다' 등의 의미가 담겨 있습니다. 현재완료 시제의 의문문은 〈Have/Has + 주어 + 과거분사 ∼?〉의 어순으로 씁니다.

밑줄 친 부분을 보기와 같이 바꾼 다음 문장을 다시 쓰세요.

1. [Have you had your picture taken at school?]
학교에서 사진을 찍은 적이 있나요?

2. [People have been fascinated by her expression.]
사람들은 그녀의 표징에 매료되어 왔습니다.

Summary

본문을 요약하기 위해 빈칸에 알맞은 단어를 골라 채우세요.

> (물감으로) 그린 / (사진이) 찍힌 / 표정 / 매료시켰다 / 초상화

A portrait is a picture of a person. Not only can it be taken with a camera, but it can be drawn or painted. The most famous portrait in the world, the *Mona Lisa*, was painted by Leonardo da Vinci. The expression on Mona Lisa's face has fascinated people for a long time.

초상화는 인물 사진[그림]입니다. 초상화는 카메라로 찍을 수 있을 뿐 아니라, 데생으로 그리거나 물감으로 그릴 수 있습니다. 세상에서 가장 유명한 초상화인 〈모나리자〉는 레오나르도 다빈치가 그렸습니다. 모나리자 얼굴의 표정은 오랫동안 사람들을 매료시켜 왔습니다.

p.134

| 본문 해석 | 시계 보기

벽[탁상]시계나 손목시계는 시를 나타내는 짧은 바늘과 분을 나타내는 긴 바늘이 있습니다. 분침이 12에 있고, 시침이 5에 있으면 5시입니다. 5시는 때로 5:00라고 적습니다.

정오 이전의 시간을 A.M.이라고 부릅니다. A.M.(오전)은 자정부터 정오까지입니다. 정오 이후의 시간을 P.M.이라고 부릅니다. P.M.(오후)은 오후부터 자정까지입니다. 그래서 5 A.M.은 오전 5시이며, 5 P.M.은 오후 5시입니다.

분침이 6에 있고 시침이 7과 8 사이에 있으면 7:30입니다. 7:30은 7시 30분으로 적습니다.

| 정답 |

Comprehension Checkup **A** **1.** b **2.** b **3.** a **4.** c **B** **1.** F **2.** F

Vocabulary Focus **A** **1.** b **2.** c **3.** d **4.** a

B **1.** before **2.** after **3.** P.M. **4.** midnight

Grammar Focus **1.** has **2.** am **3.** are

Summary hands / hours / minutes / morning / afternoon

| 삽화 말풍선 문장 | p.134

① 벽[탁상]시계나 손목시계는 두 개의 바늘이 있어: 짧은 것과 더 긴 것이 있어.

② 정오 이전의 시간을 A.M.이라고 불러.

| Vocabulary | p.135

• clock 명 시계
• watch 명 손목시계
• hand 명 시계 바늘
• o'clock 부 ~시(시각을 나타냄)
• noon 명 정오
• A.M. 오전(라틴어 ante meridiem의 약어)
• midnight 명 자정
• P.M. 오후(라틴어 post meridiem의 약어)
• between 전 ~의 사이에

| Reading Focus | p.135

• 오후(P.M.)는 무엇인가요?
• 7:30은 언제인가요?

| 문제 정답 및 해석 | p.137

Comprehension Checkup

A 가장 알맞은 답을 고르세요.

1. 본문은 주로 무엇에 관한 글입니까? [b]
   a. 시계의 역사
   b. 시간을 읽고 말하기
   c. 서로 다른 종류의 시계들

2. 시를 알려 주기 위해 시계는 무엇이 필요합니까? [b]
   a. 긴 바늘
   b. 짧은 바늘
   c. 두 개의 긴 바늘

3. P.M.은 언제입니까? [a]
   a. 오후부터 자정까지
   b. 오전부터 정오까지
   c. 오후부터 저녁까지

4. 본문에서 무엇을 추론할 수 있습니까?   [c]

   a. 오후는 오전보다 더 긴 시간을 포함합니다.

   b. 바늘이 달린 시계는 오늘날 사용되지 않습니다.

   c. 2시면 분침이 12에 있습니다.

🅱 맞는 문장은 T를, 맞지 않는 문장은 F를 고르세요.

1. 시계의 짧은 바늘은 분을 나타냅니다.   [F]

2. 5 P.M.은 오전 5시입니다.   [F]

Vocabulary Focus

🅐 다음 단어를 알맞은 뜻과 연결하세요.

1. 시계 바늘 ---- **b.** 시계 위의 숫자를 가리키는 긴 조각 중 하나

2. 정오 ---- **c.** 낮 12시

3. ~ 사이에 ---- **d.** 두 개의 사물을 분리하는 공간에

4. ~시 ---- **a.** 정확한 시를 가리키는 때

🅱 다음 빈칸에 알맞은 단어를 고르세요.

> 오후 / ~ 전에 / 자정 / ~ 후에

1. 정오 <u>이전의</u> 시간은 오전이라고 불립니다.   [before]

2. 정오 <u>이후의</u> 시간은 오후라고 불립니다.   [after]

3. 3 <u>P.M.</u>은 오후 3시입니다.   [P.M.]

4. P.M.은 오후부터 <u>자정</u>까지입니다.   [midnight]

Grammar Focus

> 접속사 or와 and가 주어에 쓰일 때

A or B + 동사(수를 B에 일치시킴)

A and B + 동사(복수형)

접속사 or는 두 개의 어휘, 구 또는 문장을 연결하여 'A 또는 B', 'A 나 B'의 의미를 나타냅니다. 현재 시제의 문장에서 or가 주어 부분에 쓰였을 때 동사의 형태는 B에 일치시킵니다. 예를 들어 B가 단수이면 단수 동사를 쓰고 복수이면 복수 동사를 써야 합니다. 그리고 A and B가 주어일 때는 항상 복수형 동사를 씁니다.

알맞은 단어를 고르세요.

1. 벽[탁상]시계나 손목시계는 시를 나타내는 짧은 바늘과 분을 나타내는 긴 바늘이 있습니다.   [has]

2. 너 아니면 내가 챔피언이 될 거야.   [am]

3. 그들과 그녀는 영어 말하기를 잘합니다.   [are]

Summary

본문을 요약하기 위해 빈칸에 알맞은 단어를 골라 채우세요.

> 오후 / 분 / 시계 바늘 / 시 / 오전

A clock or a watch has two hands: a short one and a longer one. The short hand shows hours, and the longer one shows minutes. A.M. is in the morning and P.M. is from afternoon until midnight. Five A.M. is 5 o'clock in the morning. Sometimes 7:30 is written as seven-thirty.

벽[탁상]시계나 손목시계에는 두 개의 <u>바늘</u>이 있습니다: 짧은 깃과 더 긴 것이 있습니다. 짧은 바늘은 <u>시</u>를 나타내고, 더 긴 것은 <u>분</u>을 나타냅니다. A.M.(오전)은 <u>오전</u>이고, P.M.(오후)은 <u>오후</u>부터 자정까지입니다. 5 A.M.은 오전 5시입니다. 때로 7:30은 7시 30분이라고 적습니다.

| 본문 해석 | **돈 세기**

동전은 보통 통화나 화폐로 사용되는 둥근 금속 조각입니다. 동전은 약 2,600년 동안 만들어져 왔습니다.

여기 미국에서 사용되고 있는 동전의 사진이 있습니다.

1페니는 1센트의 가치가 있습니다. 1니켈은 5센트의 가치가 있습니다.

1다임은 10센트의 가치가 있습니다. 1쿼터는 25센트의 가치가 있습니다.

이 동전들 각각의 이름과 얼마의 가치가 있는지 익혀 보세요. 돈은 숫자 세기, 더하기, 빼기 연습을 할 때 사용될 수 있습니다.

여기 사진에 얼마의 돈이 있나요?

다임을 10단위로 세어 보세요: 10센트, 20센트, 30센트.

니켈을 5단위로 세어 보세요: 35센트, 40센트, 45센트.

페니를 1단위로 세어 보세요: 46센트, 47센트, 48센트.

그러므로 사진에 나온 총 금액은 48센트입니다.

| 정답 |

Comprehension Checkup **A** **1.**c **2.**c **3.**b **4.**b **B** **1.**F **2.**T

Vocabulary Focus **A** **1.**d **2.**a **3.**b **4.**c

B **1.**Coins **2.**nickel **3.**dime **4.**quarter

Grammar Focus **1.**A coin **2.**cents **3.**much

Summary coins / Counting / names / much / worth

| 삽화 말풍선 문장 | p.140
① 동전은 통화나 화폐로 사용돼.
② 1쿼터는 25센트의 가치가 있어.

| **Vocabulary** | p.141
• coin 명 동전
• metal 명 금속
• currency 명 통화
• penny 명 페니(1센트)
• nickel 명 니켈(5센트)
• dime 명 다임(10센트)
• quarter 명 쿼터(25센트)
• worth 형 ~의 가치가 있는
• practice 동 연습하다

| **Reading Focus** | p.141
• 어떤 종류의 동전이 있나요?
• 미국에서 다임(10센트)은 얼마의 가치가 있나요?

| 문제 정답 및 해석 | p.143

Comprehension Checkup

A 가장 알맞은 답을 고르세요.

1. 본문은 주로 무엇에 관한 글입니까? [c]
  a. 동전의 중요성
  b. 동전에 사용된 물질
  c. 동전과 돈 세기

2. 무엇이 25센트의 가치가 있습니까?   [c]

     a. 1다임   **b.** 1니켈   **c.** 1쿼터

3. 2개의 다임과 3개의 니켈의 가치는 얼마입니까?   [b]

     a. 30센트   **b.** 35센트   **c.** 40센트

4. 본문에서 무엇을 추론할 수 있습니까?   [b]

     a. 동전은 보통 값비싼 금속으로 만들어집니다.

     b. 더 큰 동전이 더 가치가 있는 것을 의미하지 않습니다.

     c. 고대의 동전들은 오늘날의 동전들보다 더 컸습니다.

B 맞는 문장은 T를, 맞지 않는 문장은 F를 고르세요.

1. 1니켈은 1페니보다 가치가 더 적게 나갑니다.   [F]

2. 5니켈은 1쿼터와 같은 가치가 있습니다.   [T]

Vocabulary Focus

A 다음 단어를 알맞은 뜻과 연결하세요.

1. 금속 ---- **d.** 철이나 금 등과 같은 딱딱하며, 대개 반짝거리는 물질

2. 통화 ---- **a.** 한 국가가 사용하는 돈

3. 연습하다 ---- **b.** 기량을 향상시키기 위해 규칙적으로 어떤 활동을 하다

4. 사진[그림]으로 나타내다 ---- **c.** 사진이나 그림으로 무언가를 나타내다

B 다음 빈칸에 알맞은 단어를 고르세요.

다임(10센트) / 니켈(5센트) / 쿼터(25센트) / 동전들

1. 동전은 약 2,600년 동안 만들어져 왔습니다.   [Coins]

2. 1니켈은 5센트의 가치가 있습니다.   [nickel]

3. 1다임은 10센트의 가치가 있습니다.   [dime]

3. 1쿼터는 25센트의 가치가 있습니다.   [quarter]

Grammar Focus

셀 수 없는 명사와 셀 수 있는 명사

money(돈)는 셀 수 없는 명사입니다. 하지만 돈의 종류인 coin(동전), bill(지폐), cent(센트), penny(1센트), dime(10센트) 등은 셀 수 있는 명사입니다. 그래서 특히 주의해야 합니다. 셀 수 있는 것의 양에 대해 물을 때는 how many ~를 쓰며, 셀 수 없는 것의 양에 대해 물을 때는 how much ~를 씁니다.

알맞은 단어를 고르세요.

1. 동전은 둥근 금속 조각입니다.   [A coin]

2. 1다임은 10센트의 가치가 있습니다.   [cents]

3. 여기 사진에 얼마의 돈이 있나요?   [much]

Summary

본문을 요약하기 위해 빈칸에 알맞은 단어를 골라 채우세요.

많은 / 동전 / 세는 것 / ~의 가치가 있는 / 이름

People began to make coins 2,600 years ago. A nickel is worth 5 cents. A dime is worth 10 cents. A quarter is worth 25 cents. Counting money correctly is very important. Remember the names of the coins and how much they are worth.

사람들은 2,600년 전에 동전을 만들기 시작했습니다. 1니켈은 5센트의 가치가 있습니다. 1다임은 10센트의 가치가 있습니다. 1쿼터는 25센트의 가치가 있습니다. 돈을 맞게 세는 것은 매우 중요합니다. 각 동전의 이름과 각 동전이 얼마나 많은 가치가 있는지 기억하세요.

Visual Arts & Math UNIT 17 ~ UNIT 20 **Review Test**

| 정답 |

Review Vocabulary Test

A **1.** expression / 표정   **2.** practice / 연습하다   **3.** wheel / 바퀴

4. hand / 시계 바늘

B **1.** quarter   **2.** before   **3.** portrait   **4.** shapes

C **1.** fascinate   **2.** noon   **3.** roll   **4.** between   **5.** currency   **6.** shelf

f	w	s	h	e	l	f	y
a	c	o	m	p	o	a	e
u	h	e	i	b	r	s	h
c	u	r	r	e	n	c	y
j	l	o	a	t	v	i	r
c	y	l	l	w	e	n	a
f	c	l	o	e	y	a	w
r	f	y	k	e	a	t	t
a	n	o	o	n	n	e	s

Review Grammar Test

A **1.** been   **2.** think   **3.** cents   **4.** are

B **1.** Have you had your picture taken at school?

2. Circles can make you think of wheels, marbles, and balls.

3. A clock or a watch has a short hand for hours and a longer hand for minutes.

72

| 문제 정답 및 해석 |

Review Vocabulary Test

A 알맞은 단어와 우리말 뜻을 쓰세요.

1. 어떤 사람의 얼굴 모습   [expression / 표정]

2. 기량을 향상시키기 위해 규칙적으로 어떤 활동을 하다

     [practice / 연습하다]

3. 자동차나 자전거의 아래에 있는 둥근 것 중 하나

     [wheel / 바퀴]

4. 시계 위의 숫자를 가리키는 긴 조각 중 하나

     [hand / 시계 바늘]

B 다음 빈칸에 알맞은 단어를 고르세요.

도형 / 쿼터(25센트) / ~ 전에 / 초상화

1. 1쿼터는 25센트의 가치가 있습니다.   [quarter]

2. 정오 이전의 시간은 오전이라고 불립니다.   [before]

3. 우리는 인물 사진[그림]을 초상화라고 부릅니다.   [portrait]

4. 선을 함께 연결하면, 도형을 이룹니다.   [shapes]

C 알맞은 단어를 쓰세요. 그 다음 퍼즐에서 그 단어들을 찾아 동그라미 하세요.

1. 사람을 끌다   [fascinate]

2. 낮 12시   [noon]

3. 계속해서 회전하면서 움직이다   [roll]

4. 두 개의 사물을 분리하는 공간에   [between]

5. 한 국가가 사용하는 돈   [currency]

6. 벽에 부착된 길고 평평하며 좁은 판   [shelf]

Review Grammar Test

A 알맞은 단어를 고르세요.

1. 사람들은 그녀의 표정에 매료되어 왔습니다.   [been]

2. 어느 것이 움직이는 것을 생각나게 하나요?   [think]

3. 1니켈은 5센트의 가치가 있습니다.   [cents]

4. 그들과 그녀는 영어 말하기를 잘합니다.   [are]

B 밑줄 친 단어를 바르게 고친 다음 문장을 다시 쓰세요.

1. [Have you had your picture taken at school?]
학교에서 사진을 찍은 적이 있나요?

2. [Circles can make you think of wheels, marbles, and balls.]
원은 바퀴, 구슬, 그리고 공을 생각나게 할 수 있습니다.

3. [A clock or a watch has a short hand for hours and a longer hand for minutes.]
벽[탁상]시계나 손목시계는 시를 나타내는 짧은 바늘과 분을 나타내는 긴 바늘이 있습니다.

미국교과서 READING Level 4 권별 리딩 주제

1권 4.1

1. Living Things
2. Plants
3. Plants
4. Animals
5. Basic Needs
6. Animal Diets and Eating Habits
7. Changes in Family Life
8. Changes in Communities
9. Jobs
10. Economics
11. Ancient Egypt
12. The Nile
13. Sayings
14. Sayings
15. Musical Instruments
16. Musical Instruments
17. Lines
18. Drawing
19. Ordinal Numbers
20. Fractions

2권 4.2

1. Habitats
2. Habitats
3. Earth
4. Minerals
5. Weathering
6. Natural Resources
7. Producing
8. Technology
9. Pioneers
10. Historical People
11. Ancient Civilizations
12. Ancient Civilizations
13. Classic Story
14. Classic Story
15. Orchestra
16. Symphony
17. Shapes
18. Portraits
19. Time
20. Money

3권 4.3

1. Weather
2. Weather
3. Seasons
4. Seasons
5. Sky
6. Planets
7. Leaders
8. The Capital of the U.S.
9. Taxes
10. The Independence of the U.S.
11. A Historical Figure
12. A Historical Figure
13. Classic Story
14. Classic Story
15. Orchestra
16. Ballet
17. Self-Portraits
18. Still Lifes
19. Time
20. Calendar

길벗스쿨 공식 카페, <기적의 공부방>에서 함께 공부해요!

기적의 학습단

홈스쿨링 응원 프로젝트! 학습단에 참여하여 공부 습관도 기르고 칭찬 선물도 받으세요!

도서 서평단

길벗스쿨의 책을 가장 먼저 체험하고, 기획에도 직접 참여해 보세요.

알찬 학습 팁

엄마표 학습 노하우를 나누며 우리 아이 맞춤 학습법을 함께 찾아요.

<기적의 공부방> https://cafe.naver.com/gilbutschool